Pierre PANDA

Pense ta Vie !Tome II

Pierre PANDA

Pense ta Vie !Tome II

Éditions Croix du Salut

Imprint

Any brand names and product names mentioned in this book are subject to trademark, brand or patent protection and are trademarks or registered trademarks of their respective holders. The use of brand names, product names, common names, trade names, product descriptions etc. even without a particular marking in this work is in no way to be construed to mean that such names may be regarded as unrestricted in respect of trademark and brand protection legislation and could thus be used by anyone.

Cover image: www.ingimage.com

Publisher:
Éditions Croix du Salut
is a trademark of
Dodo Books Indian Ocean Ltd. and OmniScriptum S.R.L publishing group

120 High Road, East Finchley, London, N2 9ED, United Kingdom
Str. Armeneasca 28/1, office 1, Chisinau MD-2012, Republic of Moldova, Europe
Managing Directors: Ieva Konstantinova, Victoria Ursu
info@omniscriptum.com

Printed at: see last page
ISBN: 978-620-6-17118-8

Du même auteur

- Pense ta Vie, Tome I, Editions Croix du Salut, 2024
- Genre, Egalité de Sexes et développement : Quel modèle pour les sociétés africaines ? L'Harmattan, 2023
- Comment rechercher et mobiliser un Financement pour votre Projet ? Guide pour les porteurs des projets et ONGs du Sud, Editions Universitaires Européennes, 2021

A Walingamina Shomari & Mamy Zozo, Sam Taylor, Roël Verhoog & Marie-Françoise Meunier, Placide Muzaliwa Ndume ;

Aux amis, frères et connaissances ;

Je dédie cet ouvrage !

L'auteur

« Je pense donc je suis »

- René Descartes –

«Ce sont les pensées d'une personne qui déterminent sa vie»

- Marc Aurèle –

« La principale fonction de l'homme n'est pas de manger mais de penser. Sans doute qui ne mange pas meurt, mais qui ne pense pas rampe ; et c'est le pire.

Le plus lourd fardeau, c'est d'exister sans vivre.

Vivre pour soi seul est une maladie ; l'égoïsme est la rouille du moi »

- Victor Hugo –

« Il faut méditer sur ce qui procure le bonheur, puisque, lui, présent, nous avons tout, et lui absent, nous faisons tout pour l'avoir »

-   Epicure –

« […] Ce que tu penses, tu le deviens ; Sois le changement que tu veux voir dans le monde. Là où il y a l'amour, il y a la vie »

-   Gandhi–

«Tout ce que vous voulez que les hommes fassent pour vous, faites le de même pour eux, car c'est la loi et les prophètes»

-Mt 7:12

«La force vient de Dieu et être fort relève d'une grande culture. Être fort :

1. C'est aimer quelqu'un en silence ;

2. C'est partager même quand on ne possède rien ;

3. C'est pardonner quelqu'un qui ne le mérite pas ;

4. C'est irradier le bonheur quand on est malheureux ;

5. C'est savoir attendre même si les portes vous sont fermées ;

6. C'est montrer de la joie même si on n'en ressent pas ;

7. C'est rester calme lorsque tout semble être contre vous ;

8. C'est sourire quand on a envie de pleurer ;

9. C'est rendre autrui heureux quand on a le cœur en morceaux ;

10. C'est savoir se taire plutôt que de crier à tout le monde son désespoir ;

11. C'est avoir la foi au moment où toute certitude a disparu » (anonyme)

Sommaire

Dédicace 3

Epigraphes 5

Introduction 9

L'homme est-il au bord de la ruine ? 11

La déviance morale chez les jeunes 14

L'homme dans la société 16

Que veut la femme moderne ? 20

Retour au primat de l'homme sur le capital 24

Sois toi-même 28

Cultive ton champ et gagne ton pain 34

La femme de ta vie et l'union conjugale 38

La haine et les ennemis de ta vie 46

L'amour, l'amitié, la fraternité 55

Le prix à payer pour le succès 67

Les épreuves de la vie ou la traversée du désert 71

Une nouvelle génération de leaders pour changer le monde ... 77

Pense tes valeurs et tes principes pour une vie accomplie ! ... 79

Pour aller plus loin ! 91

Introduction

L'homme est un être complexe de par sa structure biologique, physique, ses besoins et ses réalités de la vie en société.

En effet, la naissance d'un enfant, l'éducation de celui-ci, la vie en famille, dans la société, l'amour, l'amitié, la fraternité, le travail, le succès, la richesse, l'échec, la faillite, la misère, la maladie, l'abus de confiance, la violence, la haine, la mort – constituent des réalités qui rythment la vie de l'homme. Ces réalités suscitent chez l'homme soit le sentiment du contentement, du bonheur, la joie, la tristesse, la peur, la colère, l'amertume, l'angoisse, le chagrin, le désespoir, le malheur …

Si le mode de vie de l'homme est largement tributaire de sa vision du monde qui se reflète par les normes, les us et coutumes d'une société, les actes que l'homme pose sont souvent influencés par son état physique, psychologique, sa condition sociale, ses valeurs d'ordre moral, culturel, religieux ainsi que l'éducation reçue.

Par ailleurs, l'égoïsme, la fausseté, la ruse, la manipulation, la haine, la violence, la perversion morale n'ont-ils pas démesurément conquis l'homme ? L'homme n'est-il pas devenu déshumanisé, égaré, misérable dans son propre monde livré à un culte du snobisme futile, stupide ? Le monde n'est-il pas en perte des repères moraux ?

Se nourrir, se vêtir, gagner de l'argent, s'adonner aux réjouissances charnelles, conquérir le pouvoir, s'offrir les meilleures conditions de vie, n'es ce pas là la cause des agitations de l'homme ?

Examine-bien : s'il n'y a point de vertu ni de conviction profonde dans tes pensées, ton agir, dans ce que tu entreprends, c'est que ta route s'achemine droit dans un gouffre.

« Que toute […] animosité, […] et toute espèce de méchanceté, disparaissent […] du milieu de vous. Soyez bons les uns envers les autres, compatissants, vous pardonnant réciproquement, comme Dieu vous a pardonné en Christ » (Ephésiens 4:31)

L'homme n'a-t-il pas juste besoin que du bon sens, de l'amour, la vertu, la paix pour pouvoir mener une vie heureuse ?

« Les vrais besoins n'ont pas d'excès » nous dit Jean-Jacques Rousseau.

Le monde enseigne davantage l'individualisme au mépris de l'amour du prochain ; Il enseigne comment être grand, comment dominer son prochain ; Il enseigne le culte de l'argent, des richesses, des biens matériels, des prouesses technologiques comme étant source du bonheur. Le monde ignore tend d'ignorer d'enseigner comment être heureux réellement dans son être intérieur, pour soi-même et pour son prochain.

La mentalité matérialiste qui caractérise le monde n'est-elle pas l'un des facteurs qui ne cesse d'entraîner l'homme dans l'avilissement et dans une jungle sans fin? Or, le vrai bonheur, c'est élever son âme vers des nobles idéaux ; c'est se contenter quotidiennement de ce qui est vertueux et fondamental pour une vie épanouie. Etre heureux, ce n'est pas forcément être riche, c'est plutôt être noble d'esprit et de caractère. Une personne noble se reconnait à la beauté de son âme, à son attachement à la vertu, la bonté, l'honnêteté et la générosité.

Quelles seraient les richesses immatérielles ou inaltérables vertueuses à acquérir et ou à préserver pour une vie équilibrée, accomplie ? Réfléchis-y et discernes le sens et la direction à donner à ta vie.

Ce livre se penche sur les réalités de la vie de l'homme. Il est donc impossible de parler de la vie de l'homme sans évoquer l'Auteur même de la vie. Ainsi, des références bibliques, source de sagesse par excellence inspirée par le Tout Puissant Créateur de la vie, - et des réponses précieuses aux questions de l'existence humaine, traversent l'ensemble de l'ouvrage.

Enfin, cet ouvrage se proposer d'inciter le lecteur à une méditation métaphysique, à (re) penser et à éclairer sa vie par les lumières du Christ, parole faite chair, l'amour naturel, la bonté, la générosité de cœur, l'équité, le dépassement de soi et le bon sens pour son bonheur et celui de l'humanité tout entière !

L'auteur

L'homme est-il au bord de la ruine ?

«La mort de l'empathie humaine est l'un des premiers signes et le plus révélateur d'une culture sur le point de sombrer dans la barbarie »

-Hannah Arendt-

«Tout ce que l'homme a appris de l'histoire, c'est que de l'histoire, l'homme n'a rien appris»

-Georg Wilhelm Friedrich Hegel –

L'homme du siècle présent qui n'en finit pas de se chercher dans des perpétuelles mutations, ne s'est-il pas davantage perdu dans son propre monde au bord de l'implosion ? N'est-il pas dans une crise profonde avec soi-même, son semblable, son Créateur et l'environnement qui le porte depuis des millénaires ? Ne s'est-il pas éloigné du vrai sens de la vie? Quoiqu'il en soit, il cherche continuellement sa route, son meilleur équilibre, sa stabilité, son bonheur. Se trouvera-t-il par le temps qui court et qui passe ? Jusqu'où poussera-t-il son égoïsme, sa perversion morale, sa propension à la violence ? Jusqu'où ira-t-il avec ses ambitions pour façonner le monde à sa manière, par ses prouesses scientifiques et technologiques au grand bonheur de sa civilisation moderne, l'économie capitaliste et ce parfois au mépris de la morale humaine et la biodiversité ?

Les catastrophes écologiques, les sécheresses intenses, les épidémies terrifiantes, les crises financières, l'inconduite généralisée, les bruits des armes ci et là en lieu et place des chants doux d'oiseaux ne traduisent-ils pas les atteintes graves à la biodiversité, la déroute morale de l'homme, sa misère, l'instabilité et la fragilité de son monde ?

Face à un siècle livré au culte de l'argent, des biens matériels, des plaisirs charnels, la mondanité et les prétendus standards du 'bonheur', les valeurs humaines et morales ne sont-elles pas souvent foulées au pied?

Au nom de la 'liberté individuelle 'des prétendus 'droits humains', l'homme ne se livre-t-il pas aux actes que même les animaux ne peuvent imaginer ?

L'homme est l'agent causal et le remède de sa propre maladie et celle qui ronge le monde.

Les gens qui font tant de mal et qui détruisent le monde, ne sont-ils pas ceux qui ne pensent qu'à eux-mêmes, qu'à leurs propres vies ?

Il faut sauver l'humanité de la démoncratie, qui représente l'un des facteurs majeurs de la souffrance humaine. L'homme aurait tout à gagner à se tourner vers la christocratie.

Le cœur resoud tout ! L'homme peut décider de cultiver davantage d'amour et de paix et il en tirera l'amour et la paix, tant pour lui que pour le genre humain ; Pareillement, il peut se résoudre de s'adonner à la haine et la violence et il en récoltera désolation et malheur, tant pour lui que pour ses semblables.

L'homme avec sa civilisation moderne va-t-il arrêter un jour de faire la bête, d'agoniser la vertu morale pour s'appliquer à remédier aux dégâts et ravages qu'il a causés à l'humanité ? Saura-t-il rétablir l'équilibre de la planète qui le porte depuis des lustres ? Atteindra-t-il à l'horizon 2030 ses 17 objectifs de développement durable (ODDs) dont ses oreilles sont rebattues et qui sont présentés comme étant un grand pacte pour transformer le visage de l'humanité ? Se berce-t-il d'illusion ? Ces Objectifs de développement durable ne sont-ils pas déjà et ne seront-ils pas davantage contrariés par les effets dévastateurs de guerres, les catastrophes écologiques, humanitaires, les changements climatiques, les crises politiques sans précédent, le croît démographique exponentiel, le tâtonnement des politiques publiques, les inégalités économiques grandissantes et le capitalisme prédateur ?

Parviendra-t-il à inverser les inégalités très prononcées d'accès aux moyens de subsistance et aux services vitaux de base entre les différents segments de la race humaine ?

L'impératif de réaliser les ODDs n'appelle-t-il pas une action urgente des gouvernants en faveur de la paix, la justice économique, environnementale et sociale universelles ainsi que la refondation des relations économiques, politiques et sociales plus dignes et harmonieuses entre tous les peuples du monde ? Ne serait-il pas là une des clés principales pour la réussite des objectifs de développement durable à l'horizon 2030 ?

La déviance morale chez les jeunes

«La jeunesse est le temps d'étudier la sagesse, et la vieillesse est le temps de la pratiquer»

- Jean-Jacques Rousseau-

La crise de la famille n'est-elle pas l'un des ingrédients de la déviance morale, civique ainsi que la propension à la violence physique, verbale, psychologique qui ne cesse de fleurir parmi les petits et les jeunes gens ?

'' La persuasion est souvent plus efficace que la force '' nous dit Esope. Pourtant, les jeunes gens tendent à se fier davantage aux muscles qu'à leur cerveau, leurs forces intérieures, celles de l'esprit : l'intelligence, la raison, la sagesse, plus puissantes que celles du corps physique. Carr, la véritable force est celle de l'âme et non du corps physique.

Les jeunes gens ont souvent l'illusion d'être mieux éclairés et au goût de la mode, plus que les adultes d'âge mûr, ce qui les amène parfois à se détourner des conseils de ces derniers et à subir des conséquences fâcheuses de leur inconduite morale.

La violence, la ruse, la malice, la fourberie, la perfidie, la coterie mesquine ne sont-ils pas par les armes des esprits faibles, pervers ?

Les parents devraient inculquer aux jeunes les bonnes vertus morales, la bienséance sociale, l'estime de soi, la confiance en soi, le respect de l'autre, le sens du civisme et du bien commun.

Le contrôle social n'est-il pas l'un des facteurs moralisateurs de l'homme et de sa société ? Joue-t-il toujours pleinement son rôle dans notre société moderne où l'individualisme, l'exaltation de la vie privée, le respect de la liberté d'autrui, sous réserve de ne pas léser celle de son prochain, est devenu la norme de nos jours ?

Par une discipline personnelle sans faille, les parents devraient être un modèle pour leurs enfants et les détourner de la déviance morale. En effet, il est du devoir des parents d'orienter les enfants autant les adolescents et les jeunes vers les divertissements et ou des programmes audiovisuels sains ; C'est de cette façon que les parents pourraient guider les jeunes à se former une conscience droite et éclairée.

« On éduque mieux que par ce que l'on fait que ce l'on dit » dit un dicton. Ta conduite en tant que parent vaut plus que mille mots pour éduquer ton enfant.

Une légende du football a déclaré : '' Celui qui refuse de se former se déforme et devient un danger pour sa communauté ''

« […] Enfants, obéissez en toutes choses à vos parents, car cela est agréable au Seigneur» (Colossiens 3:18)

« Les jeunes gens ont besoin des figures de référence proches, crédibles, cohérentes et honnêtes en vue de construire leur identité et d'assurer leur transition vers la vie d'adulte»[1]

Les jeunes constituent l'espoir et l'avenir de l'humanité. Les parents devraient leur offrir une éducation et formation de qualité et leur apprendre à intérioriser la non-violence comme étant un mode de vie, une norme et une réponse aux escalades de violences dans le cercle familial et la société. Les parents devraient éduquer les petits à s'abstenir du tabagisme, l'alcoolisme, des stupéfiants et à faire montre d'une hygiène de vie optimale.

Il est du devoir des parents de transmettre aux enfants, aux jeunes gens un code moral et social vénérable, humain et épanouissant !

---

[1] Module sur la culture des capacités de jeunes, 2016

L'homme dans la société

« La ville prospère grâce à la bénédiction des hommes droits, mais elle est démolie par la bouche des méchants » (Proverbes 11:11)

«Vivez toujours avec la conscience de n'être inférieur à personne et avec l'humilité de n'être supérieur à personne»

- Antonia Gravina –

Pourquoi y a-t-il tant d'iniquité, injustice, querelles, disputes, violence et de misère dans la société des hommes ?

L'homme n'est-il pas l'unique responsable du mal qui ronge le monde tellement qu'il a tant foulé au pied les valeurs fondamentales de la vie ? Ne se montre-t-il pas souvent hypocrite pour donner l'impression d'être en conformité avec les normes sociales et ou pour assouvir ses besoins ou ses intérêts personnels ?

Les convoitises, l'avarice, le culte de l'argent, des biens matériels, du pouvoir ne sont-ils pas la racine de tous les maux qui rongent le monde ?

L'homme vit dans la société ; Il peut entretenir avec son semblable soit les sentiments d'affection, d'indifférence ou de haine. Il tisse, développe dans la société des relations multiformes (*les liens parentaux, matrimoniaux, amicaux, professionnels,* les liens hiérarchiques (employeurs/employés), les rapports de classes sociales (riches/pauvres, etc), les relations économiques (production et échange des biens et de services), les relations politiques (gouvernants/gouvernés)

L'homme est entrainé, consciencieusement ou intuitivement par l'art de la guerre dans toutes les dimensions de sa vie.

L'homme crée les faits sociaux ; il en est l'objet et en subit les effets dans la complexité de sa vie tant sur le plan psychologique, spirituel, physique, économique et politique.

Viendra-t-il à bout des iniquités, injustices, barbaries qui gangrènent sa société depuis des millénaires ? Son rêve pour faire de sa société un eldorado de paix, de justice, de prospérité, de bonheur prendra-t-il corps ?

L'avidité n'est-elle pas le carburant des conflits, violences et de la souffrance dans l'existence humaine ? Pourtant, l'homme a tout à gagner à faire régner un climat de paix, à privilégier l'amour, la bonté, la générosité, l'altruisme, le partage et le bon sens dans ses relations avec son semblable !

La société humaine ne requiert-elle pas une diversité de talents, des compétences pour pouvoir fonctionner et assurer le progrès?

Si chacun percevait dans prochain son autre '' moi '' et ou '' une autre partie de soi-même '', y aurait-il tant de violence dans ce monde ?

« Les arrogants croient qu'ils peuvent s'enflammer sans se brûler et saisir l'épée sans se couper, mais celui qui rompt la paix est laissée sans elle et celui qui sème des vents dans le monde rassemble des tempêtes dans son âme», avertit Stefan Zweig

Tels membres d'un corps, chaque personne a de la valeur et un rôle à jouer dans la société. Chaque homme contribue à sa manière et dans la limite de ses aptitudes à l'équilibre social et humain.

Chaque personne a et devrait avoir sa place, son rôle à jouer dans la société. Les forts ont besoin des faibles, les grands ont besoin des petits, les riches ont besoin des pauvres, les aînés ont besoin des petits et vice-versa. De ce fait, le conflit de classe ou de génération est contre-productif; Il altère la concorde, le sens de complémentarité et la co-construction inter générationnelles ; Il étouffe l'expression harmonieuse de la diversité des talents, d'idées, de savoir, savoir-faire des hommes de tous les âges.

« Aux âmes bien nées, la valeur n'attend point le nombre d'années» fait remarquer Pierre Corneille. Pourtant, les gens de ton entourage ne cessent de te dire : '' Tu es assez jeune pour ce que tu entreprends, pour cet exploit, pour cette responsabilité, cette ambition, pour tout ce qui te réussit ; ce que tu fais n'a pas l'air d'avoir ton âge ; courage tout de même !

Comment a-t-il réussi, lui, à un si jeune âge alors que ses congénères n'en sont encore qu'à se chercher, à se débattre dans leurs vies ? Et très vite, les gens envieux trouveront les moyens pour saper l'image de ta personne et ou ridiculiser ton talent ou tout ce qui te réussit. Ils iront même à te qualifier d'un homme superstitieux ! C'est ainsi qu'ils se consolent de frustrations de leurs ambitions, de ce qu'ils n'ont pas pu obtenir ou réaliser.

Envieux, haineux et malveillants, ils feront très attention à tes erreurs et fautes pour les claironner sur tous les toîts ; Ils sont obsédés de peur à l'idée de perdre leur prestige, leur ascendant ; Ils ne supportent pas que tu sois brillant ; Ils redoutent ta force de caractère et ton sens de leadership, ton entregent ; Ils redoutent que tu prennes leur succession, que tu joues le grand, que tu prennes la place des grands, qu'ils estiment être la leur, leur chasse gardée.

Tant pis si tu n'es plus le petit garçon, la petite fille qu'ils ont vu naître, grandir et qu'ils ont bercé dans leurs bras, il ne faut pas cependant se disent-ils, que tu les ramènes à leur niveau. Leurs agissements à ton égard sont marqués d'hypocrisie ; Ils sont partagés entre cynisme et bienveillance de façade. D'un air curieux et malveillant, ils attendent voir ou connaitre l'issue de tes projets et ou tes ambitions, peut-être y trouveront-ils leur compte et ou te manipuleront-ils à leur guise pour leurs propres profits égoïstes et ou au pire cas te précipiter dans un gouffre.

L'homme saura-t-il de manière sincère surmonter le conflit de génération et promouvoir le leadership intergénérationnel ?

Le conflit de génération est stérile et contreproductif. Le dialogue intergénérationnel est vertueux et constructif pour la société. En effet, les personnes matures, les ainés devraient aider les jeunes gens à exploiter utilement leurs talents, leurs savoirs pour leur bien-être et celui de leur société ; Ils devraient les préparer à prendre leur relève demain quand ils atteindront le bel âge.

La génération montante se doit de faire preuve de respect envers les aînés, les personnes matures, les ainés et prendre conseil auprès d'eux sans se laisser naïvement manipuler au nom du prétendu principe de droit d'ânesse.

Pour leur part, les personnes matures ne devraient pas ériger de goulot d'étranglement à l'ascension et ou la réussite sociale des jeunes gens. En effet, **la société** est un groupement d'hommes qui vivent ensemble, interagissent et qui par leurs talents spécifiques sont interdépendants et complémentaires les uns des autres.

La synchronisation des énergies, savoirs, talents, atouts de tous âges est susceptible d'être bénéfique à la co-construction fructueuse de la société.

« L'éducation est l'arme la plus puissante que vous puissiez utiliser pour changer le monde » affirme Nelson Mandela. «La seule chose qui coûte plus cher que l'éducation, c'est l'ignorance» renchérit Benjamin Franklin.

L'éducation est l'un des piliers pour créer une société forte, digne et prospère. Elle devrait toucher la dimension physique, morale, spirituelle, intellectuelle, sociale, économique de l'homme en vue de lui permettre d'acquérir, d'améliorer ses connaissances et ses talents et de devenir un être complet, créatif, productif, épanoui et utile dans la société.

Que veut la femme moderne ?

Au fil de près d'un demi-siècle, le mouvement féministe a enregistré des victoires remarquables de la bataille de sa cause : aujourd'hui la femme est libérée de nombreux jougs, privations ou restrictions tant socio culturelles, économiques que politiques. Elle n'est plus cantonnée à la cuisine. Elle est plus émancipée et plus présente dans de nombreuses sphères de la société qu'elle ne l'était il y a plus d'un demi-siècle.

De nombreux pays ont modifié leurs législations pour garantir l'égalité de chances entre les sexes.

La femme moderne est aujourd'hui plus éduquée et jouit davantage des droits, libertés et opportunités socioéconomiques au même titre que son semblable masculin. Elle se voit confiée aussi des responsabilités dans la sphère publique. Elle n'est plus l'être inférieur d'hier ; Elle est désormais égale en droits et en dignité à l'homme. Elle revient de loin ; Son sort s'est largement amélioré comparativement à son semblable féminin du 19 ème siècle.

Pourtant, la femme moderne, plus libertaire, épicurienne, se plaint inlassablement de sa condition sociale qu'elle dépeint souvent comme étant injuste, misérable. Veut-elle une grande revenge sur la condition féminine ? Veut-elle gagner une position sociale plus dominante autant que et ou plus que celle de l'homme et soumettre celui-ci à son pouvoir '' féminin'' ? Veut-elle en découdre définitivement avec la hiérarchie sociale masculine dans la vie conjugale et dans la société pour un pouvoir plus au féminin ? En a-t-elle assez de la domination masculine dans la vie conjugale ? En a-t-elle assez des conformismes traditionnels ? En a-t-elle assez du masochisme ? Veut-elle le démolir complètement ?

Veut-elle profondément inverser la nature de la relation homme-femme ? Veut-elle moudre à fond, sans faire finesse, toutes les valeurs socio culturelles qui fondent la famille, les rapports de genre dans la société ?

La femme moderne se veut davantage non conformiste ; Elle est capricieuse et je ne sais que trop. Que revendique-t-elle exactement ? N'est-elle pas souvent prête à sacrifier la maternité, la vie conjugale, les vertus socio culturelles sur l'autel de la quête de la réussite sociale et matérielle ? Son ' genre ou égalité des sexes ' tant prôné va-t-il assassiner le sexe biologique et vice versa ?

La femme moderne semble vouloir tout à la fois : une grande liberté, l'autonomie sociale, financière, la reconnaissance, l'influence, l'aisance matérielle, le pouvoir, la féminité, le sexe, l'amour, la maternité, le bonheur, une grande revenge sur l'ordre masculin dominant ?

La femme moderne n'a de cesse de crier contre l'injustice masculine, n'est-elle pas elle-même injuste à l'égard de l'homme ? La femme moderne a toujours son doigt accusateur pointé sur l'être masculin qui serait responsable de sa situation qu'elle juge moins enviable par rapport à celle de l'homme.

La femme moderne se montre moins indulgente à l'infidélité masculine, pourtant, elle-même n'est pas moins tricheuse et libertine ; Elle excelle à amplifier sa séduction féminine. En même temps, elle crie exagérément au harcèlement sexuel ou au viol dont elle serait souvent victime de la part de l'être masculin. Et sans trépigner, elle traîne l'homme présumé harceleur sexuel ou violeur en justice et sur base de preuves ou déclarations purement émotives, alarmantes ou fallacieuses, elle serait à même de faire condamner le présumé coupable à lui verser de dommages et intérêts.

La femme moderne n'inflige-t-elle pas par ses tenues très provocatrices et suggestives qu'elle qualifie de '' sexy '', un harcèlement sexuel sur l'être masculin ? Or, les cas de harcèlement sexuel subis par les hommes de la part des femmes sont rarement portés en justice.

La femme moderne n'excelle-t-elle pas à user de sa beauté et la séduction comme une arme fatale pour arriver à ses propres fins et ce parfois aux dépens de sa proie masculine ?

Et pour cause, il est naturel pour une femme de se faire belle, d'exalter son charme de féminité quitte à se dénuder.

Tous les moyens lui sont bons ou permis pour exercer sa séduction féminine ! Deux poids, deux mesures : la femme harceleuse sexuelle reste l'éternelle innocente et l'homme présumé harceleur sexuel, l'éternel inculpé tant par la société que par la justice. « Il n'y a pas de fumée sans feu», rétorque-t-on à l'homme.

Bien que le harcèlement sexuel concerne les deux sexes, il est souvent perçu comme un problème essentiellement féminin.

De tout ce qui précède, il y a lieu de se poser la question ci-après : '' la femme moderne est-elle réellement opprimée par l'homme ou c'est plutôt elle qui est oppresseuse de l'homme ?

Par-dessus-tout, le combat pour les droits de la femme ou la justice de genre ne devrait pas être mené en opposant la femme à l'homme ou par comparaison de sa position sociale à celle de l'homme ; celui-ci n'étant point d'ailleurs un modèle figé ! L'enjeu ne devrait plutôt porter sur l'amélioration de l'accès équitable de femmes et filles aux opportunités économiques, l'amélioration de leur condition sociale, la masculinité positive et la construction des relations homme-femme plus harmonieuses et justes ?

Certes, '' l'homme est la plus élevée des créatures, nous soutient Victor Hugo ; Quoi qu'il en soit, la femme n'est pas faite pour être chosifiée, elle égale à l'homme en droits et en dignité. La femme n'est pas faite non plus pour se soustraire à l'autorité masculine (de son mari).

«Par la patience, on peut persuader un dirigeant et une langue douce peut briser toute résistance» (Proverbes 25: 15)

Ne dit-on pas que la voix d'un homme peut menacer une femme mais le silence d'une femme peut troubler la conscience d'un homme ?

Ne serait-il pas profitable pour la femme moderne de se battre avec ses armes naturelles de féminité que sont la tendresse, la douceur, la tempérance, la serviabilité, le sens du respect, l'affabilité, l'exaltation de la valeur culturelle attachée à la maternité pour obtenir gain de cause et faire avancer sa situation d'existence plutôt que de prôner ou de se fier aux théories qui prônent l'insoumission dans le foyer conjugal, la subversion féminine conjugale et ou un interminable duel homme-femme ?

L'homme et la femme ne sont-ils pas complémentaires et ne le resteront-ils pas ?

«L'homme pense, la femme songe ; L'homme est fort par la raison, la femme est invincible par les larmes ; L'homme est le cerveau ; la femme est le cœur ; Le cerveau fabrique la lumière, le cœur produit l'amour» (Victor Hugo)

On ne le dira jamais assez, la femme est faite pour être soumise à son mari. Dans la vie conjugale, n'est-il pas raisonnable que la partenaire porte la culotte pour maintenir l'harmonie conjugale ? Une femme qui sait se mettre à sa place subira-t-elle de maltraitance ou de violence de la part de son mari ? N'imposera-t-elle pas le respect de sa personne et ne s'attirera-t-elle pas tout naturellement un grand amour de la part de son mari ?

Face à la crise actuelle du mariage et de la famille, socle de base de la société, le temps n'est-il pas venu pour la femme moderne de revenir sur terre et d'être bienpensante ? N'est-il pas temps pour la femme moderne de retrouver le bon sens, une vraie féminité qui ferait son véritable bonheur et celui de la société de manière à trouver un juste équilibre entre la famille, la morale, la vie conjugale, la maternité, les soins, l'éducation des enfants, le travail, la carrière, le pouvoir, le bien-être, la réussite sociale, matérielle et les préoccupations de la vie moderne ?

Retour au primat de l'être humain sur le capital.

« […] Or, un homme vaut beaucoup plus qu'une brebis» (Mt 12:12)

Riche ou pauvre, je vaux plus que l'argent et les biens matériels.

«La grandeur de l'homme est dans sa décision d'être plus fort que sa condition», note Albert Camus.

Si les appétits matériels constituent une préoccupation fondamentale de ta vie, c'est que tu en es esclave !

L'argent constitue un moyen et non un fondement. L'argent et les biens matériels représentent non pas la finalité de la vie mais plutôt des moyens au service de l'homme et non l'inverse. C'est à moi de les apprivoiser et de les utiliser à bon escient pour mon propre bien et celui de la collectivité humaine.

De par mes valeurs humaines et morales, mon être, mon savoir, mon savoir-être, savoir-faire, mes talents, je suis et je me dois d'être plus riche que l'argent et les biens matériels.

Si dans ma vie, je n'ai rien d'autre que la beauté physique, l'argent et ou les biens matériels, c'est que je suis la personne la plus vile, la plus pauvre au monde !

Ta perception du sens de la vie est-elle **bornée** (*accumulation de la possession matérielle, financière, bonheur charnel, etc*) ou **élargie** (*le contentement intérieur, le bonheur collectif partagé, la gloire de Dieu, etc*)

La misère, c'est le fait de ne pas se placer au-dessus de son être, son avoir et de sa condition sociale (*riche/pauvre,* etc) ; C'est le fait de ne pas être conscient de la **dimension** '' **complexe** et **multidimensionnelle** de la **vie humaine** '' ; C'est le fait de ne pas saisir le sens profond de la vie !

Le plus grand vice du système capitaliste en dépit de sa précieuse et indéniable contribution au progrès technologique, à la croissance économique, à l'amélioration des conditions sociales et matérielles d'existence de l'homme, est de déshumaniser l'être humain et de faire passer le profit avant lui. L'argent est sacralisé et l'homme se voit asservi au pouvoir de l'argent.

«Les vertus se perdent dans l'intérêt comme les fleuves dans la mer» note la Rochefoucauld.

La mentalité capitaliste tend à ramener la valeur de l'homme essentiellement à son statut social, son pouvoir et ou à l'importance de son avoir. Le pauvre se voit méprisé, avili, manipulé, exploité et abandonné à son triste sort. N'es ce pas là un des levains des inégalités sociales et du penchant de l'homme vers l'individualisme et la domination de son prochain ?

Si tu ne te montres gentil qu'envers le riche et ou qui jouit d'un rang social élevé ; si tu aimes l'argent plus que ton semblable ; si ta propre personne, tes actes, le sens de la vie, de l'amitié, la fraternité, la bienveillance, la relation sociale sont définis et motivés par l'argent, le gain personnel, égoïste et les biens matériels, c'est que tu es un être déshumanisé ; Tu as perdu ta valeur d'humain ; Tu es l'une des personnes les plus viles et misérables au monde. Tu auras beau amassé de grandes fortunes, mené ta vie de calculateur, de profiteur ou d'homme riche, l'héritage de tes années de vie ne sera point de grande valeur et ton nom ne sera point vénérable ni d'un souvenir mémorable.

Sois épris d'humanité, de générosité et de bonté envers le genre humain et du sens de l'intérêt général et du bien-être universel, tu auras plus que l'argent et la richesse !

Dalaï-lama et ses adeptes n'ont-ils pas raison d'affirmer que '' l'attachement aux objets de sens rend l'esprit avide et malade'' ?

« Celui qui aime l'argent n'est pas rassasié par l'argent, et celui qui aime les richesses n'en profite pas. C'est encore là une vanité » (Ecclésiaste 4:9)

«Ce qui est fou, c'est que la croissance donne l'impression d'abondance alors qu'elle crée la pénurie», éveille Olivier Hamant.

Garde-toi d'affectionner l'argent ou les biens matériels plus que ton semblable. L'argent ou les biens matériels ne pourront jamais t'exprimer en retour un quelconque amour encore moins de la gratitude.

Un adage populaire ne dit-il pas que ''l'argent ne fait pas le bonheur''?

Aristote soutient que le bonheur vient non des possessions materielles, mais de l'*accomplissement des vertus* et de la réalisation de notre *potentiel humain*. Pour sa part, Epicure soutient que le bonheur ne reside point dans la poursuite de la richesse mais dans la satisfaction des désirs simples et naturels de l'homme. Pour lui, l'argent n'assure pas la tranquillité de l'esprit.

Karl Marx est plus que tranché: l'argent ne fait pas le Bonheur; il voit dans l'argent un facteur de déséquilibre et des inégalités qui transforme les relations humaines en relations économiques. L'argent aliéne l'homme, l'éloigne de valeurs morales et du sens de l'humanité.

Nombre de philosophes s'accordent à dire que l'argent contribue au bien-être materiel de l'homme, mais il ne suffit pas pour lui apporter le bonheur véritable, qui dépend plutôt de la qualité des relations humaines, de la liberté personnelle et de l'accomplissement de soi.

Le malheur de l'homme, c'est qu'il n'a de cesse de dégrader son esprit qui est éternel au profit de son corps physique, du reste éphémère, mortel !

Où est passée l'oblativité de l'homme pour son prochain ? L'amour de l'argent ne corrompt-il pas souvent la morale humaine et le sens profond de la vie ? Le culte du gain personnel n'entraine-t-il pas l'égoïsme et le mal qui règne dans le monde ?

Si tu places l'amour de l'argent au-dessus des principes et des valeurs d'ordre moral, à coup sûr, tu transgresseras la vertu morale. Tu seras rattrapé par la rigueur de la loi, la sanction sociale, le déshonneur et le malheur.

En effet, une personne qui ne caresse point de valeur, de conviction morale ou sociale noble et qui ne croit qu'à l'argent et aux biens matériels est un être foncièrement égoïste, sans scrupule et dangereux !

L'homme ne vaut que ce que valent les pensées de son cœur, sa nature profonde et sa conscience.

 «Un homme est estimé en raison de son bon sens et celui qui a l'esprit pervers est l'objet du mépris» (Proverbes 12:8)

La vie humaine est hors de prix. Le sacrifice du glorieux Christ jusqu'au don de sa propre vie pour le rachat et le salut éternels de l'homme n'est-elle pas la démonstration la plus éloquente de la valeur inestimable de l'être humain ? (Jean 3:16)

L'homme ne demeure-t-il pas esclave de son propre système tant économique que politique fondé sur le culte du profit, l'égoïsme, la domination, l'oppression du faible, le mensonge, l'iniquité, la vanité ? En est-il conscient ?

Le capitalisme parviendra-t-il un jour à frayer une certaine place au primat de l'être humain dans sa quête inextinguible du profit ?

L'utopie créatrice audacieuse d'Auroville, ville sans monnaie, alter mondialiste, n'est-elle pas un des gestes emblématiques qui interpelle l'homme à se ressaisir face à son asservissement au capital et à retrouver en lui et dans l'interaction, les rélations avec son semblable *le vrai sens de la vie, les vraies richesses et les vraies valeurs humaines ?*

Sois toi-même !

«Si tu vis pour plaire aux autres, tout le monde t'aimera, sauf toi-même »

-Paul Coelho –

«Qui vit en paix avec lui-même, vit en paix avec l'univers»

 -Marc Aurèle-

Cultiver l'estime de soi, la confiance en soi dans sa manière d'être, d'agir, c'est construire sa force de caractère et son épanouissement.

Sois toi-même dans ta nature profonde, tes convictions, tes valeurs, principes, tes ambitions.

«L'homme de qualité exige tout de soi. C'est un souverain. L'homme sans qualité exige tout des autres ; c'est un despote» note Louis Pauwels.

En forçant le naturel on revient au galop, dit-on. Vis ce que tu es conformément à ta situation. Ne force pas, ne change pas ta nature. Sois fier (e) de ta personne et ne forces pas ta nature. Certes, les gens ne seront jamais unanimes sur tes qualités ou mérites. Parfois, ils seront souvent à contresens de ta perception ou jugement que tu te fais de ta propre personne. Il y a des gens qui s'acharneront à trouver des poux sur ta tête quand bien même elle serait chauve.

Quoiqu'il en soit, point n'est besoin de dilapider tes énergies en forçant ton naturel juste pour le besoin de séduire et ou de charmer ton monde.

Forge-toi une personnalité ; Pour autant, ne sois pas arrogant. Tu ne te suffiras jamais à toi seul dans la vie.

«L'arrogance précède la ruine et l'orgueil précède la chute» (Proverbes 16:18)

L'arrogance est source de mépris, injustice, conflits et de violences. Sois humble, pétri de bonté et de pureté de cœur.

«Ne sois point sage à tes yeux, crains l'Eternel et détourne-toi du mal » (Proverbes 3:7)

L'arrogance est aux antipodes de la confiance en soi et l'estime de soi. Sois toi-même avec tes forces et tes faiblesses. Méfie-toi des gens qui te portent un regard méprisant, dédaigneux ou culpabilisant alors qu'ils sont loin d'être eux-mêmes irréprochables.

Tu ne te connais pas toi-même totalement, ton prochain ne peut donc ne pas prétendre te connaître mieux pour porter un jugement sévère sur ta personne. Tu vaux, tu es plus que ce qu'imagine ton prochain.

''Je suis un voyageur et navigateur et chaque jour je découvre un nouveau continent au fond au fond de mon âme '' s'émerveille Khalil Gibran.

'' Rare est le nombre de ceux qui te regardent avec leurs propres yeux et qui éprouvent avec leur propre sensibilité '' fait remarquer Albert Einstein.

Sois toi-même peu importe que le monde soit contre toi.

Beaucoup te voueront la haine et ou te feront la guerre, ne t'inquiète point, c'est la preuve même qu'ils ne te ressemblent pas, qu'ils n'ont rien de toi en eux et que tu n'es pas de leur trempe. Va vers ceux qui te ressemblent et qui sont faits pour toi.

Quand bien même tu deviendrais blanc comme de la neige, les gens qui te vouent la haine trouveront toujours à redire sur toi, sur ta vie.

Bannis la naïveté, la stupidité et les mœurs faciles. Cultive un esprit critique ; Ne sois pas celui ou celle qui dit 'oui ' à tout. Donne-toi du culot et impose le respect de ta personne.

«Les mots les plus anciens et les plus courts- «oui» et «non» - sont ceux qui exigent plus de réflexion» (Pythagore)

Sois fier de toi, contente-toi de ce que tu as, de ce que tu es et de ton talent. Ne te compose pas un personnage très tranché. N'envie pas ton prochain. Le meilleur est en toi-même. Tu n'es pas en compétition avec ton prochain. Chacun a sa part dans la vie. Contente-toi de la tienne !

N'envie point celui qui réussit dans ses voies, c'est un vaillant combattant qui a affronté un parcours pénible, témoigne-lui du respect, exprime-lui plutôt des compliments et inspire-toi de son succès pour triompher aussi dans tes projets et ou tes affaires.

Ton ADN n'est-il pas unique ? Les cinq doigts de la main sont-ils identiques ? Considère le temps comme étant ton meilleur allié dans le parcours de ton succès. Ce qui est à toi, ce que tu désires, tu l'obtiendras, tu le réaliseras par l'effort, l'audace, la foi, la constance, l'honnêteté, la patience, si cela t'avait été destiné par le Très Haut!

«On perd la vie quand on veut vivre celle des autres et pas la sienne ; On perd la vie quand on passe son temps à critiquer les erreurs des autres sans voir les siennes ; On perd sa vie quand on se plaint de ses échecs sans chercher à y remédier ; On perd sa vie quand on excelle à jalouser les autres sans chercher à s'améliorer soi-même ; La vie ne se perd pas quand on cesse de respirer mais quand on cesse d'être heureux», prévient Sylvain des côteaux.

Etre soi-même, c'est vivre conformément à son potentiel, son statut social, sa nature propre. Puise tes ambitions et ou tes projets dans tes propres convictions profondes et non dans le mimétisme, les vaines convoitises de ton prochain et ou l'émulation malsaine avec lui.

Certes, se livrer à la comparaison est inhérente à la nature humaine ; la tendance naturelle, intuitive de l'homme est d'appréhender, de définir ce qui est 'grand' par opposition à ce qui est 'petit', 'le bien' par rapport au 'mal'. Pour autant, ce qui est 'grand' ou 'bien' trouve-t-il fondamentalement son sens par comparaison ou opposition à ce qui est 'petit' ou ce qui est 'mal' ? Ce qui est 'grand' ou 'bien' l'est en soi-même, dans son essence profonde.

« Je pense qu'il est très sain de se retrouver seul. Tu dois apprendre à être bien avec toi-même et à ne pas te définir par quelqu'un d'autre » conseille Oscar Wilde.

Fais le riche, livres-toi à une consommation ostentatoire, vis au-delà de tes revenus, la ruine et l'amertume viendront vers toi.

« Mieux vaut être de condition modeste et avoir un serviteur que de faire l'important et de manquer de pain » (Proverbes 12:9)

Ne te fie pas au communautarisme ; Le communautarisme, est un cercle, un jeu de dupe où les plus aisés, naïfs et gentils sont manipulés et exploités par les plus rusés, flatteurs, hypocrites, calculateurs et égoïstes.

Si l'assistance communautariste n'est pas absente ou insignifiante, elle ne sera que moqueuse, ironique ou de façade au plus fort de ton désarroi ; Elle ne te sera offerte que plus tard de manière substantielle pour tes obsèques.

Souvent, la solidarité communautariste se montrera émotive, plus vive et émotionnelle pour les obsèques d'autrui alors même qu'elle a été absente ou molle dans la détresse ou les moments de détresse ; Pire, elle se montre parfois tiède, raisonneuse, suspicieuse, incrédule ou indifférente, quand il s'agit de bâtir une cause plus noble !

Quoiqu'il en soit, garde-toi d'être individualiste ; montre-toi généreux ; Cependant, sois raisonnable et équilibré dans le jeu communautariste. Garde-toi des renards !

L'idéal est que chacun aime son prochain, malheureusement, c'est loin d'être le cas. Assumer que chaque membre de la communauté éprouve de l'amour pour son prochain et ou serait bien disposé à prendre soin de son prochain est l'une de plus grandes illusions du communautarisme familial. Les sociétés à culture communautariste aurait plus à gagner à prôner un communautarisme propice à l'entrepreneuriat individuel et de groupe pour le bien de la collectivité humaine en lieu et place d'un communautarisme inutile essentiellement fondé sur la compassion envers autrui, l'assistanat, la charité dominante ou asservissante d'autrui.

Sois toi-même ; Beaucoup des gens ne sont pas si brillants qu'ils paraissent. Ne dis pas : telle personne a tout ce qu'un homme peut envier. Est-elle réellement comblée de tout ?

La nature t'a-t-elle privée de tout ? Tu n'es donc pas pauvre ni le plus pauvre de la terre ! Tu as une ressource, quelque chose en toi. Examine bien, découvre la ressource enfouie en toi, exploite-la et fais-en bon usage. C'est la recette qui te sera utile pour gagner ton paix, améliorer les conditions de ton existence et conquérir ton bonheur.

Tu as une semence en toi, cultive-la, tu en récolteras les fruits. La solution à ton problème est en toi. Tu as la solution à ton problème. Si tu as ton bâton par devers toi, la main divine le couvrira de puissance pour pouvoir fendre les eaux de la mer et te frayer un chemin vers un horizon nouveau.

Sois réfléchi, raisonnable, humble, constant, ouvert et flexible.

'' On ne peut pas tout vivre alors l'important est de vivre l'essentiel et chacun de nous a son essentiel '' constate Marc Levy.

'' N'essaye pas d'être trop parfait ; essaye d'ignorer, de mépriser ce que tu ne peux pas obtenir '' conseiller Robert Greene.

Démontre l'authenticité personnelle et un langage corportel ouvert ; Pour autant, ne sois pas excessivement gentil.

Prends des choix et des bonnes décisions dans ta vie conforme à tes propres convictions, talents et priorités et non par complaisance, mimétisme et ou pour se mesurer à autrui.

Les standards voulus, exigés par la société ne sont qu'illusion. A chacun son bonheur, son succès à sa manière !

Nous vivons dans un monde d'apparence où les gens se contentent davantage de soigner l'extérieur que l'intérieur. Or, la grandeur d'âme réside dans le bon sens, l'amour du prochain, l'amour de Dieu, la générosité, l'humilité, le dépassement de soi, la maitrise de soi, la patience, l'intelligence et non dans l'abondance matérielle.

Sois d'un esprit sain, bienveillant, généreux, sage, intelligent, discipliné, laborieux, la grandeur et le bonheur te trouveront !

« […] Oui au corps mais avec l'esprit, oui à la différence, mais il faut l'harmonie. Autrement c'est raté… Être attentif à l'autre. Se livrer au dialogue sans mensonge. Autrement c'est raté. Ne pas compter. S'ouvrir à l'autre. Souhaiter faire équipe avec l'autre. Autrement c'est raté » plaide Michel Serres.

Concentre-toi sur tes projets, tes priorités et tes besoins essentiels ; Approvisionne tes greniers et gère de manière prévoyante et orthodoxe tes avoirs.

N'entre pas dans n'importe quel camp ; Reconnais et reste dans ta nature profonde, dans ton propre camp et tu vivras.

Cultives ton champ et gagne ton pain

« Celui qui cultive son terrain est rassasié de pain, celui qui poursuit des réalités sans valeur est rassasié de pauvreté » (Proverbes 28:19)

La pauvreté est un risque autant que la richesse. Dès ta jeunesse, aménage, cultive et entretient ton champ ; c'est ainsi que tu gagneras ton pain et subviendra à tes besoins et à ceux de ta famille.

'' J'ai rêvé que la vie est joie. Je me suis réveillé et j'ai vu que la vie est devoir. J'ai accompli mon devoir et j'ai réalisé que le devoir est joie '' observe Tagore

Elargi ton champ de vision et ta perception de la vie.

Devrais-tu t'obstiner à exercer un travail juste pour gagner de l'argent alors que tu n'en éprouves aucun zèle ? Es-tu censé t'attacher à un métier illicite et immoral qui se trouve être en contradiction avec ta belle nature humaine ?

Dans chaque homme sommeille un génie, un talent, un savoir-faire. Découvre-le et fais-en bon usage. Il en va de ton développement personnel.

Tu as le choix entre rechercher un travail, créer ta propre entreprise et te mettre ainsi à ton propre compte.

Beaucoup peuvent reconnaitre tes talents, cependant, très peu t'aideront à les porter plus haut. Cependant, si tu dois être un chevalier et non un cheval, valorise tes talents et lances-toi.

« Dès le matin, sème ta semence, et le soir ne laisse pas reposer ta main ; car tu ne sais point ce qui réussira, ceci ou cela, ou si l'un ou l'autre sont également bons » (Ecclésiaste 11:6)

L'autonomie financière ne commence-t-elle pas par un bon sens de gestion de revenus ? Ne dit-on pas que pour entreprendre, il faut du courage et un peu de folie ?

Pour lancer une entreprise, il convient de se constituer une épargne et ou obtenir un prêt auprès des tiers ou une institution bancaire.

Entreprendre, c'est fructifier son revenu, c'est augmenter ses actifs. Pour cela, il te faudra un plan d'épargne, prioriser tes besoins essentiels et réduire ton train de vie. Evalues à priori les ressources à portée de tes mains et celles mobilisables, la faisabilité et la rentabilité de ton projet avant de pouvoir lancer ton business.

« Lequel de vous, s'il veut bâtir une tour ne s'assied d'abord, pour calculer la dépense et voir s'il a de quoi terminer » (Luc 14:28)

Applique-toi à mieux connaître ton produit, le marché et ta clientèle.

'' Ne cherchez pas des clients pour vos produits mais faits des produits pour vos clients '' conseille Seth Godin.

Pense ton business avant de te mettre à semer les graines.

Pour réussir ton business, il faudra te fixer des objectifs, apprécier le rapport valeur-coût, élaborer ton plan d'affaire, t'armer de l'audace, la patience, prendre des risques mesurés, constituer une épargne, rassembler les fonds, t'entourer des bonnes personnes, embrasser un style de vie moins dépensier, la discipline personnelle, un management de qualité et le sens de l'éthique.

En plus, applique-toi continuellement à t'adapter aux fluctuations et spéculations du marché.

Le travail ennoblit l'homme dit-on. Cultive ton champ, exerces ton travail avec zèle, intégrité et professionnalisme.

'' C'est ta capacité à gagner le marché qui fera de toi un entrepreneur '' dit un dicton.

Investis dans toi-même, investis ton argent, ton temps, ton énergie. Forme-toi et inspires-toi d'autres entrepreneurs qui ont réussi dans leurs affaires. Pour autant, tes secrets ne sont pas à mettre à la portée de tous. Dans la mesure du possible, organise ton business de manière rigoureuse, adéquate et professionnelle.

Garantis de bonnes conditions de travail pour ton équipe, recrute autour de toi des gens intègres, compétents et travailleurs. Définis clairement les responsabilités et rétributions de membres de ton équipe.

Ne te fie point à un accord verbal. Sécurise tes droits, tes intérêts et ceux de ton entreprise. Pour tout engagement avec un tiers, consignez par écrit les droits et obligations de chacune des parties ainsi que les termes de votre entente sur un accord écrit.

Laisse le lièvre aller à son rythme ; telle une tortue, garde le cap et l'audace, tu atteindras ton but.

Par ailleurs, si tu gagnes déjà dignement ta vie et que tu vise la richesse, il te faudra élever tes ambitions.

Les hauts salaires qui rendent riches ne sont pas à la portée de tout le monde. Entreprendre et investir sont les voies qui mènent à la richesse, à l'indépendance et la prospérité financières.

La liberté financière, c'est être en état de ne plus dépendre du travail pour sa subsistance. C'est la voie pour se construire une meilleure santé financière.

Travaille à aiguiser ton sens d'entrepreneur ou d'investisseur avec orthodoxie ; Explores les opportunités d'investissements rentables, d'actionnariat, d'achat des actions et ou des revenus passifs, de ventes des produits et services et d'utilisation des services fiscaux en vue d'accroître ton patrimoine, ta richesse.

Tel un sportif, continues à perfectionner ton sens de management et d'entrepreneur.

Conquérir la crédibilité, la confiance et la fidélité de sa clientèle, c'est prospérer dans ses affaires. Pour cela, il convient de faire preuve d'intégrité, du sérieux, du professionnalisme et de fournir des produits ou de services de qualité.

Rappelle-toi : l'intégrité est une vertu capitale ; c'est l'une de clés de ton succès. Montre toi honnête ; honore les apports de tes associés et ou tes employés.

Rétribue chacun sa part au prorata de sa participation à la production et au résultat de votre (vos) activité (s)

Honore sans faille tes engagement (s) avec les tiers, tes clients et ou tes créanciers.

Entretiens des rélations d'utilité réciproque avec d'autres entrepreneurs ou investisseurs.

« En chine, on ne fait pas d'affaires sans **'guanxi'** Ce mot généralement traduit par '' connexion '' mais signifie plus que cela. Le ''guanxi'' est une relation marquée par la réciprocité et une obligation mutuelle fondée sur la confiance et l'expérience commune. Il est créé et entretenu par le '' renqinq '' ou '' dette d'une personne envers une autre, des faveurs accordées et reçues. Le renqinq est important aussi hors de Chine. Les faveurs accordées gratuitement lubrifient les rélations.»[1]

---

[1] Ming-Jer Chen, Inside Chinese Business, Harvard Business School Press, 2011 cité par John Dally.

La femme de ta vie et l'union conjugale

« Une femme de valeur est une couronne pour son mari mais celle qui fait honte est comme une carie dans ses os » (Proverbes 12:4)

Son visage angélique n'est-il pas un masque ? Sa beauté extérieure reflète-t-elle sa beauté intérieure ?

La tendresse dont elle témoigne est-elle sincère ? Est-elle simple d'esprit ? Est-elle de mœurs légères ? Est-elle vilaine de caractère ? La nature d'une prostituée sommeille-t-elle en elle ?   Est-elle comère, pimbêche, querelleuse, tonitruante, bouillonnante ? Est-elle capricieuse, suspicieuse difficulteuse ?

A-t-elle l'allure d'une âme traitresse, infidèle, cynique ? Est-elle paresseuse, nonchalante, oiseuse? Est-elle insolente, irrespectueuse ? Est-elle 'je ne sais que trop ?', rebelle et n'en fait qu'à sa tête ?

Fait-elle la sainte nitouche ? Fait-elle la femme vertueuse ? Est-elle sincère ?

Est-elle manipulatrice, amorale, asociale ? Est-elle de nature à papillonner, à aller voir ailleurs ? A-t-elle un pied dans l'eau, un pied sur le rivage ? Est-elle entrainée par des convoitises, des désirs insatiables ? A- t-elle des arrières pensées financières ? Est-elle matérialiste, calculatrice, profiteuse ? Idolâtre-t-elle l'argent, les biens matériels ? S'attache-t-elle à toi pour ton argent ou tes biens matériels? Fonde-t-elle son amour à ton égard sur l'argent, les biens matériels, ta position sociale et non sur les traits de ta personnalité ? Est-elle de nature à te trahir pour son propre gain égoïste ? Son amour pour toi a-t-elle des racines profondes ? Est-elle de nature à te dérober tes biens, ton argent ? Si c'est le cas, c'est qu'elle n'est qu'une peste. Éloigne-toi d'elle.

« Mwasi ya kobala batalaka yé na bizaleli » dicton Lingala, entendez '' une ' vraie ' femme, la femme de sa vie s'apprécie à son caractère ''

Est-elle attentionnée, tendre, aimante, vertueuse, généreuse, intègre, désintéressée, instruite ? Est-elle d'un grand cœur ? Est-elle pétrie du bon sens, des valeurs morales et sociales nobles ? Est-elle spirituelle, travailleuse, disciplinée, patiente ? Est-elle de la trempe de ta grandeur d'esprit ? Est-elle à la hauteur de ta personnalité ? Te ressemble-t-elle ? Avez-vous une quelconque zone de convergence ? Avez-vous en commun des profondes convictions philosophiques, morales, sociales ?

Parle-t-elle, peux-t-elle parler le même langage que toi sur un certain nombre de questions ? Saurait-t-elle accommoder tes rêves, tes projets, tes ambitions ? Sa conduite est-elle marquée par des convictions vertueuses ? Compte-t-elle des gens raisonnables dans son entourage amical, familial ou professionnel ? Est-elle entrainée par l'alchimie de l'amour ? Te porte-t-elle un regard attentionné ? T'accorde-t-elle de l'attention, du temps ? Fait-elle preuve d'attachement, de sollicitude généreuse, amoureuse à ton égard ? Te rend-elle l'amour que tu lui portes ? Te donne-t-elle l'ascendance sur elle ? Est-elle révérencieuse, soumise ?

Témoigne-t-elle de la fierté pour toi, pour ta personne ? Apprécie-t-elle tes efforts, partage-t-elle tes peines ? Te soutient-elle dans les moments d'effroi ? Serait-elle disposée à consentir généreusement des sacrifices pour toi ? Attache-t-elle du prix à votre relation ? Votre liaison amoureuse compte-t-elle pour elle ? Démontre-t-elle le sens de fidélité conjugale? Perçoit-elle le mariage comme un engagement profond ou plutôt comme un facteur de validation sociale ? Y a-t-il une alchimie physique et une connexion émotionnelle et mentale entre vous ? Démontre-t-elle le sens de planification, d'organisation ? As-tu une avance d'âge sur elle ?

Gare aux femmes qui n'ont que leur sexe ; elles sont viles, inutiles, toxiques et nocives.

Qui es-tu dans ta nature profonde ? Si tu dois trouver la compagne de ta vie, commence par découvrir qui tu es dans ta nature profonde et choisis-toi une âme sœur compatible avec ton homme intérieur.

Portes sur une balance les vertus, la conduite d'une femme, la sincérité de son sentiment d'amour et trouves la femme de ta vie. **Est-elle amoureuse ou se contente-t-elle d'aimer ?**

Démontre-t-elle un brin de sagesse ? Dans la négative, ne la prends pas pour femme. Trouve une femme sage et bâtis une vie conjugale avec elle. Une femme sage est le pilier de l'épanouissement et la stabilité d'un couple.

Lorsque l'amour est ressenti avec une grande intensité et qu'il exerce un fort *pouvoir érotique* (ou une <u>attirance sexuelle</u>), on parle d'amour « <u>passionnel</u> » ou de « <u>passion</u> amoureuse », utilisant souvent l'image de la <u>flamme</u> ou de la <u>brûlure</u> pour décrire l'effet qu'il exerce sur les <u>sens</u> et l'<u>esprit</u>. Quand cette passion provoque une identification si étroite avec une personne qu'elle tend à unifier les deux amants, on parle *d'amour «fusionnel»*.

« La femme sage construit sa maison et la folle la démolit de ses propres mains » (Proverbes 14:1) S'obstine-t-elle à se montrer distante, répulsive à ton égard en dépit du coup d'amour que tu lui portes? Repousse-t-elle tes yeux doux ? Oppose-t-elle un refus sec à ta flamme d'amour ? Garde-toi de rechercher un amour forcé de la part d'une femme qui s'obstine à ne pas t'ouvrir son cœur.

Une porte d'amour ne s'enfonce pas. Un amour forcé ne fera jamais un couple heureux. Ressaisis-toi, cesse de courir derrière le vent, vas voir ailleurs.

Et toi femme, as-tu devant toi un malotru, une brute de mâle, un étourdi, un bon à rien ou un homme digne, estimable ? Ton homme s'attache-t-il à ta personne dans sa nature profonde au-delà de ton visage séduisant ou tes rondeurs féminines ? Est-il intègre, vertueux, travailleur?

Les belles femmes ont souvent la réputation d'être imprévisibles, capricieuses, prétentieuses, insatiables et d'un caractère difficile. Si tu es une belle femme, garde le juste-milieu ; Surmonte l'ivresse de ta beauté et trouve sereinement ton âme sœur avec qui tu seras heureuse dans ton foyer conjugal. Que tu sois callipyge ou séraphique, sans bonté d'âme et une conduite exemplaire, tu es nulle ! Sache que sans la beauté intérieure, la beauté de l'âme, seule la parure extérieure ne te suffira pas pour fidéliser ton conjoint.

Par ailleurs, quel sens faut-il donner à un amour vrai ? Un amour vrai est-il celui qui allie une part ' d'une certaine cécité ' et une part de 'la raison' ?

Que d'alliances conjugales qui se font et se défont jetant dans le trou à ordures le serment solennel d'amour et de fidélité pour le meilleur et le pire jusqu'à la mort !

Ce serment d'amour et de fidélité n'est-il pas souvent rattrapé par les soubresauts de la vie ? Est-il un serment trompeur ? Sous-estime-t-il, méconnait-il les limites de la persévérance de l'homme et son impatience de quitter le rivage du malheur pour celui du bonheur ?

Pourquoi est-il l'un des serments les plus reniés ? Les conjoints ne le font-ils pas souvent sauter à l'éclat suite des discordes et mésententes profondes ? Les aléas de la vie ne l'emportent-ils pas souvent sur ce fameux serment ? Qu'en reste-t-il alors ? Faut-il ne plus faire de serment comme le préconise une prescription biblique ?

« [...] Mais moi, je vous dis de ne pas jurer du tout, ni par le ciel parce que c'est le trône de Dieu, ni par la terre, parce que c'est son marche pied, ni par Jérusalem, parce que c'est la ville du grand roi. Ne jure pas non plus par la tête car tu ne peux rendre blanc ou noir un seul cheveu. Que votre parole soit 'oui' pour 'oui' 'non' pour 'non' ce qu'on y ajoute vient du mal » (Mt 5:34-37)

L'amour et la détresse, l'amour et la pauvreté ne font-ils pas souvent une recette fade ? La sauce ne devient-elle pas amère au point de se déverser hors de la marmite ?

La pauvreté n'est-elle pas souvent championne de coup d'arrêt de la lune de miel des deux êtres chers qui s'étaient pourtant jurés amour et fidélité tous les jours de leurs vies ?

La précarité financière et ou un quelconque malheur suscitant l'incertitude du lendemain ou des profonds malentendus entre les conjoints ne conduisent-ils pas souvent à la rupture du lien conjugal ?

Envers et contre tout, les préoccupations matérielles, d'argent ou d'affaires sont compréhensibles, mais elles ne devraient pas prendre trop de place au détriment de la famille et ou de la vie conjugale.

« Mais moi, je vous dis : celui qui renvoie sa femme, sauf pour cause d'infidélité l'expose à devenir adultère, et celui qui épouse une femme divorcée commet un adultère » (Mt 5 :32 ; Mt 19:9) Ecclésiaste 9:9 ajoute : « Jouis de la vie avec la femme que tu aimes pendant les jours de ta vie de vanité que Dieu t'a donnés sous le soleil »

Que dire donc de l'amour et de la fidélité conjugale face aux vicissitudes de la vie ? L'amour sera-t-il impuissant de triompher des vicissitudes de la vie et d'aller jusqu'au bout de sa persévérance, son serment, sa richesse ? L'amour vrai ne se mesure-t-il pas dans la détresse ?

Un amour vrai ne naît-il pas d'une vague et irrésistible attirance pour autrui et qui se mue en empathie profonde ?

Si les deux conjoints se comportent en super chefs qui ne s'écoutent trop qu'eux-mêmes et si la liaison amoureuse est motivée par des raisons autres que celles d'exister l'un pour l'autre, c'est que l'union conjugale est partie pour un échec.

«Elle répétait que : '' l'amour véritable n'est pas dans les commencements qui se ressemblent tous, mais dans l'élaboration lente d'un lien particulier», raconte Alexandre Jardin

Rien n'est plus vil qu'une femme légère, naïve, perverse et infidèle.

«La beauté est le front, l'amour est le couronnement», observe Victor Hugo

«Epouser un homme ou une femme pour sa beauté, c'est acheter une maison juste pour sa façade » avertit un dicton.

Trouve la femme de ta vie non à coups de billets d'argent mais plutôt par ta capacité à susciter en elle une connexion émotionnelle, les liens de confiance, de compréhension, une bulle fusionnelle naturelle, profonde et sincère de vos âmes.

« Rien n'est plus naturel que les secousses des deux âmes qui se partagent cette étincelle» s'émerveille Victor Hugo

Une femme au foyer, c'est la vertu, la soumission, l'amour, la vérité, la sincérité, l'affabilité, l'attention, la tendresse, la tolérance, la fidélité, le sens du travail et de responsabilité.

Une femme qui sait se mettre à sa place ne s'attirera-t-elle pas tout naturellement respect et amour de son mari ? N'imposera-t-elle pas l'harmonie dans son couple ?

«Femmes, que chacune soit soumise à son mari, comme il convient dans le Seigneur. Maris, que chacun aime sa femme et ne s'aigrisse pas contre elle. Enfants, obéissez en toutes choses à vos parents, car cela est agréable au Seigneur» (Colossiens 3:18)

Que vaut le fessier envoûtant ou la silhouette magnifique ou le corps bien formé d'une femme si elle ne démontre point de vertu, de bonté, d'intelligence, d'amour ?

« La folie est une femme bruyante, naïve, qui ne sait rien » (Proverbes 9:13)

La femme de ta vie s'apprécie non à l'attrait de son visage, son charme séducteur, ses courbes captivantes mais à sa vertu et aux traits de sa personnalité. Si tu dois lui passer l'anneau nuptial au doigt, rassures toi de ce qu'elle t'aime pour ce que tu es dans ta nature profonde et qu'elle assume tes défauts et te soutient patiemment à les surmonter.

« Le miracle de l'amour, c'est de resserrer le monde autour d'un être qui vous enchante, l'horreur de l'amour, c'est de resserrer le monde autour d'un être qui vous enchaîne » (Pascal Bruckner)

Bien plus que ton cœur, laisse toi guider par la raison dans le choix de la femme de ta vie. Si elle t'aime pour ce que tu es, s'il en est de même pour toi, c'est qu'il y a du véritable amour.

« Le problème c'est que nous cherchons quelqu'un pour vieillir ensemble alors que le secret est de trouver quelqu'un avec qui rester enfant » discerne Charles Bukowski.

Une union conjugale réussie devrait se fonder sur un amour vrai et non de façade juste pour assouvir le désir d'être en couple.

Si ton cœur bat plus fort pour une femme ou un homme moralement peu recommandable, écoute ta raison.

Si la magie de l'amour t'a uni à une femme, sois un bon chef de famille, un vrai homme, ami et partenaire.

Soutenez-vous par des conseils utiles en vue de bâtir la solidité de votre vie conjugale.

Les femmes ont toujours tendance à convoiter éperdument ce qui est beau, grand ou meilleur. Elles sont ainsi faites.

Préserve ta femme de toute tentation d'aller voir mieux ailleurs. Rappelle-toi : les femmes recherchent constamment de la valeur chez les hommes. Dis-lui que tu es un super homme et que tu es le meilleur homme au monde. Garde-toi de faire démesurément l'éloge de ton frère, ami ou collègue à ta femme. Dieu seul sait, si elle ne serait pas tentée de pencher son cœur vers lui !

Femme, éloigne-toi des envies, ferme tes oreilles à la voix du tentateur ; Homme, prends autorité sur ta femme. C'est ainsi que vous vous épargnerez de succomber dans le péché à l'instar d'Adam et Ève.

Démontrez le respect mutuel dans vos différences, limites et besoins.

Accordez-vous sur vos priorités, la répartition de vos responsabilités et sur la meilleure manière de mieux gérer vos finances. Vivez l'un pour l'autre et appliquez-vous à une meilleure éducation de vos enfants.

«Chaque enfant qu'on enseigne est un homme qu'on gagne. L'ignorance est la nuit qui commence l'abîme», soutient Victor Hugo.

Un descendant d'un homme immoral n'a-t-il pas plus de chance d'être un badaud, un délinquant dans sa vie ? Les sans foi ni loi ne sont-ils pas les enfants d'hier qui se sont pervertis de suite d'une éducation malsaine et une influence négative de leurs figures de référence et ou de leur entourage ?

Il importe pour le couple de maintenir l'harmonie conjugale et de démontrer l'exemplarité du sens moral pour une meilleure éducation des enfants. En effet, la famille est la cellule de base de la société. Une meilleure éducation des enfants est l'un des piliers indispensables pour la construction d'une société intègre, fructueuse et épanouie.

La haine et les ennemis de ta vie

« Celui qui éprouve de la haine se déguise avec ses paroles, et il cache au fond de lui la tromperie. Lorsqu'il prend une voix douce, ne le crois pas, car il y a sept horreurs dans son cœur [...] (Proverbes 26:24-27)

«Renoncez à la haine : elle fait plus de mal à ceux qui l'éprouvent qu'à ceux qui en sont l'objet. Ne cherchez pas à être sage à tout prix. La folie aussi est une sagesse et la sagesse une folie»

-Jean d'Ormesson –

La haine est un sentiment répulsif ou malveillant envers une chose et ou une personne en raison de son identité (sexe, race, éthnie, nationalité, religion, etc), ses convictions, sa situation psychologique, sa condition physique, sociale, etc et ou pour tout autre motif. De ce point de vue, certaines formes de haine sont reprouvées et considérées comme étant amorales ou asociales (*sexisme, racisme, xénophobe, népotisme, tribalisme, etc)* ; d'autres par contre sont encouragées et considérées comme étant moralement ou socialement décentes, par le fait qu'elles sont aux antipodes du mal (*la haine de la corruption, de la méchanceté, l'inimitié, du banditisme, la délinquance, la perversité, l'injustice, du vol, de la fraude, la débauche, la toxicomanie, l'alcoolisme, etc)*

L'antinomie de l'amour n'est pas à priori la haine mais l'égoïsme. La haine n'est-elle pas l'un des brasiers des conflits entre les humains ?

«Le cœur d'un homme est comme un puits profond et mystérieux» avertit un dicton ivoirien.

Ton ennemi c'est celui qui est dans une guerre latente ou ouverte contre toi. Il éprouve une aversion et méchanceté à ton égard ; Il ne médite que la ruine de ta personne, de ce qui est à toi ; Il vise à te prendre par la force ou la ruse ta place ou ce qui t'appartient. Il peut être un ami, un frère, une connaissance, une compagne, une personne non familière ou inconnue. Il te sourit avec une bienveillance cosmétique, mais au fond de lui il éprouve la hargne, l'hypocrisie, la méchanceté sans pareil à ton endroit. Sa haine contre ta personne est alimentée soit par la convoitise, l'envie, la jalousie, l'orgueil, l'arrogance, l'intolérance, l'émulation déloyale, la perfidie, la vengeance.

Ainsi, certains de membres de notre famille, nos amis, nos collègues, condisciples, camarades, connaissances se révèleront être tes ennemis.

« [...] Et l'on aura pour ennemis les membres de sa famille » (Mt 10:36)

Tes ennemis sont frustrés de n'avoir pas accompli leurs propres aspirations ; d'autres te vouent la haine pour n'avoir pas assouvi leurs attentes démesurées à ton égard. Ils sont entrainés par l'arrogance, la malveillance, la convoitise et ou un complexe de supériorité.

Ton ennemi c'est celui qui est envieux de tes avoirs, ta position sociale, ta réussite matérielle, ton potentiel, ton talent, ton génie.

Un frère de sang, un meilleur ami d'hier s'est-il mué en ennemi alors qu'il t'a pourtant témoigné des gestes touchants de bienveillance, de bonté, d'empathie ? Si c'est le cas, c'est que soit il était calculateur et dissimulait ses visées profiteurs et égoïstes ; Il était d'une hypocrisie sans pareil pour bien dissimuler ses desseins malveillants à ton encontre ; Il n'a pas pu porter sa mesure d'affection, d'empathie à ton égard jusqu'au bord de sa coupe.

Les chinois avaient vu juste avec l'un des leurs stratagèmes de l'Art de la guerre : « Cacher l'épée dans le sourire » Ce principe ne demeure pas une des pratiques courantes auquel l'homme a recours pour nuire à son prochain, à autrui ?

« Homo Homini lupus » '' l'homme est pour l'homme un loup '' dit-on. Un homme hypocrite s'évertue à se montrer aimant, bienveillant mais il cache derrière lui un mauvais fond à ton égard. Il maquille souvent le mensonge pour la vérité ; Il est menteur, rusé et manipulateur. Il excelle dans la sollicitude à l'égard de son prochain.

Un homme malveillant ou individualiste excelle dans la flatterie et la sollicitude débordante à ton endroit. Quoiqu'il en soit, il y a la fausseté, hypocrisie, malice, ruse dans son cœur, son sourire, ses propos, sa prétendue bonté.

L'ennemi se déguise souvent en homme de bien, en ami, frère ou camarade ; Il multiplie des subterfuges pour conquérir ta confiance, t'attirer et te précipiter malicieusement dans son piège. Il te rit avec sympathie, bienveillance, il t'offre des présents, il sollicite ton amitié mais cache derrière lui des intentions mortifaires.

Sache que tous ceux qui t'offrent à boire, à manger et ou un abri ne le font pas toujours par pure générosité naturelle ou par humanité. Certaines personnes se montrent généreuses par fausse charité soit pour faire bonne figure, pour se donner une bonne conscience, soit pour leur vaine gloire, soit pour s'attirer les faveurs d'autrui.

Prends garde à l'homme faux, antipathique. Les Saintes Ecritures ne préviennent-elles pas de se méfier du pain offert par le méchant ?

« Ne mange pas le pain de l'homme au regard malveillant, ne convoite pas ses bons plats ; car il calcule au fond de lui : « Mange et bois, te dira-t-il, mais son cœur n'est pas avec toi. Tu vomiras le morceau que tu as mangé et tu auras tenu en pure perte des propos agréables » (Proverbes 23:6-8)

Décrypte sereinement, secrètement le langage corporel des gens de ton entourage. Examine la sincérité d'un acte de générosité et sa marque de paix. Tout geste de générosité n'est pas toujours un signe d'amour, de bonté, d'humanité ou d'amitié. Pareillement, tout lieu de refuge n'est pas toujours un havre de paix. Au plus fort de ton désarroi, un lieu hostile peut te servir de refuge, un être haineux peut t'offrir un abri, cela ne change en rien de sa nature, il reste un être antipathique et hostile !

Celui qui t'en veut aujourd'hui, c'est celui qui était ton ami, ton frère d'hier. Seulement, il a laissé libre cours à la haine de prendre le dessus sur le sentiment d'amour qu'il portait à ton égard. Il n'est plus le même, il est devenu différent, il est devenu une autre personne.

Eprouves la sincérité, l'integrité, le bon sens, le sourire, la bienveillance, l'affection des gens en face de toi et ou qui se trouvent en relation avec toi. Si quelqu'un ne te rend pas le même le sentiment d'amour que tu lui portes, Garde-toi de lui.

Jauge les vrais mobiles de gens qui te côtoient pour le cas où il y aurait un ou des méchant (s) parmi eux. Est-il un loup dans une peau d'agneau ? Prends garde qu'il ne te dévore ! Passe-loin de lui.

«L'homme prudent voit le mal et se met à l'abri, mais ceux qui manquent d'expérience vont de l'avant et en subissent les conséquences » (Proverbes 22:3)

« […] Ne vous laissez pas écraser par les méchancetés ; continuez d'avancer. Si vous tombez, levez-vous ; si vous pleurez, essuyez vos larmes. Si vous êtes découragés, fortifiez-vous par la parole de Dieu et prenez courage. C'est la fin qui compte» (Gervais France)

Garde tes nerfs, ne bêle pas de crainte comme un mouton face à tes ennemis. Reste dans ta nature propre et tu puiseras la force de tenir tête au méchant et de survivre aux tempêtes de la vie.

Discerne qui est avec toi et qui est contre toi ; Fais la part entre les calculateurs, les vrais frères, amis et tes ennemis. C'est ainsi que tu te préserveras des méchants et de leurs embûches visant à nuire à ta personne, aux siens et ou à tes biens, tes intérêts.

Fie-toi à ceux qui te portent un amour sincère et désintéressé et tu vivras heureux, en paix.

Défie-toi des médisants et des rapporteurs qui propagent des invectives sur ta personne. Celui qui te voue l'acrimonie peu importe la bienveillance apparente, du reste hypocrite dont il pourrait témoigner à ton égard et ou la proximité de vos liens, te traînera tôt ou tard dans la boue et te portera un coup fatal.

Un être malveillant est égoïste, hypocrite, emberlificoteur. Un égoïste est d'un esprit pervers, calculateur, profiteur, nuisible.

L'égoïsme est un grand mal. Autant que la haine, l'égoïsme est aux antipodes de l'amour. Un égoïste ne peut aimer son prochain, il ne connait pas l'amour. Quand il prétend aimer son prochain, c'est pour son propre profit. Il fait tout, il est prêt à tout pour son propre profit !

«Les méchants envient et haïssent. C'est leur manière d'aimer», déplore Victor Hugo.

Préserve-toi de l'hypocrisie des âmes haineuses qui se font souvent passer pour tes frères ou tes amis.

Considère ces **stratagèmes chinois dans l'art de la guerre** :

1. Traverser la mer sans que le ciel ne le sache (ne pas attirer l'attention) ;

2. Assiéger Wei pour libérer Zhao ;

3. Assassiner avec une épée d'emprunt ;

4. Attendre la crue des eaux pour attaquer (le stratège attire l'ennemi et ne se hâte pas dans une confrontation pleine d'ardeurs) Ne pas attendre l'épuisement de l'ennemi ;

5. Profiter de l'incendie pour piller et voler (les erreurs dans le camp adverse sont des occasions de victoires pour vous)

6. Bruits à l'est, attaquer à l'ouest ;

7. Créer quelque chose ex nihilo ;

8. Avancée secrète vers Chenchang ;

9. Regarder le feu depuis l'autre rive ;

10. Dissimuler l'épée dans le sourire ;

11. Compatir au malheur des autres ;

12. Emporter ce qu'on trouve sur son passage ;

13. Battre l'herbe pour effrayer le serpent ;

14. Faire revivre un corps mort ;

15. Attirer le tigre hors de la montagne ;

16. Laisser s'éloigner pour mieux piéger ;

17. Se défaire d'une brique pour attirer le jade (faire parler l'ennemi)

18. Capturer le chef de bande ;

19. Eteindre le feu sous le chaudron ;

20. Troubler l'eau pour prendre les poissons ;

21. Le scarabée d'or opère sa muée (s'échappe avec tact) ;

22. Verrouiller la porte pour mettre la main sur les voleurs ;

23. S'allier avec les pays lointains et attaquer son voisin ;

24. Voler les poutres, changer les piliers ; Remplacer le faux par le vrai ;

25. Insulter l'acacia ; pointer du doigt le mûrier (déformer les faits)

26. Jouer l'idiot sans être fou pour jeter la poudre aux yeux (vaincre l'ennemi dans sa propre situation) ;

27. Retirer l'échelle, monter sur le toit (tromper l'ennemi) ;

28. Faire pousser des fleurs factices ;

29. Changer la position de l'invité et de l'hôte ;

30. Le piège de la belle ;

31. Piéger la ville ;

32. Utiliser l'agent double.

33. Faire souffrir la chair ;

34. Courir est le meilleur choix lorsque la situation est défavorable.

De nos jours, dans notre monde moderne, le rôle de l'art de la guerre est loin d'être limité à un livre militaire, il est largement utilisé dans plusieurs aspects de la vie sociale, y compris la lutte politique, la concurrence commerciale)

Quoiqu'il en soit, sois indulgent, magnanime envers tes ennemis. Ne cède pas à la loi du talion (œil pour œil, dent pour dent) Ne rends pas le mal pour le mal.

«Les esprits petits se vengent, les esprits forts pardonnent, les esprits intelligents ignorent » note Albert Einstein.

« La haine fait surgir des conflits, alors que l'amour couvre toutes les fautes » (Proverbes 10:12)

S'il y a quelque bien qui puisse provoquer les remords ou la repentance de ton ennemi, fais-le.

« Si ton ennemi a faim, donne-lui à manger, s'il a soif, donne-lui à boire car ce sont des charbons ardents que tu amasses sur sa tête et l'Eternel te récompensera » (Proverbes 25:21-22)

Était-il ton homme de confiance ? Est-il tenaillé par les remords ? S'est-il repenti de son mal avec remords et sincérité ? S'est-il amélioré ? A-t-il renoué avec la vérité et le bon sens ? Accorde-lui ton pardon et réconcilie-toi avec lui.

Envers et contre tout, c'est un exercice délicat que de s'engager à renouer les liens avec un ennemi avéré qui te tend une main de pardon, de réconciliation. La nature ne nous enseigne-t-elle pas que le caméléon change de couleur mais jamais de nature profonde.

Une fausse réconciliation peut être un piège, une manipulation. Gare à la fausse repentance de ton redoutable ennemi et ou de celui qui a lésé ton amour-propre, tes intérêts ou tes avoirs.

Ton redoutable ennemi, c'est celui qui s'évertue à faire bonne figure, il se repent de sa bouche mais garde contre toi un mauvais fond dans son cœur. Peu importe, qu'il soit ton frère de sang ou ton ami, celui qui n'éprouve point d'empathie pour toi, creusera ta tombe.

Le pardon libère, guérit, redonne sérénité et vitalité tant à l'offenseur qu'à l'offensé ; Pour autant, le pardon et la réconciliation sont à manier avec tact, prudence, clairvoyance et sagesse.

«La meilleure façon de se venger d'un ennemi, c'est de ne pas lui ressembler» conseille Marc Aurèle.

Le vrai pardon est celui de cœur ; Pardonner, c'est dissiper la rancune envers ton ennemi et ou celui qui t'a fait du mal.

Pardonner, c'est faire preuve de compassion envers l'ennemi, envers sa misère, sa propension à faire le mal, son asservissement au mal.

Pardonner, c'est refuser d'être hypocrite ; c'est prendre le courage de se distancer de celui qui ne t'inspire plus confiance, de celui qui t'a fait du tort, du méchant ou de l'ennemi et gommer toute rancœur contre lui ; C'est assumer ainsi sereinement la fin du parcours de votre relation.

Pardonner, c'est se débarrasser du fardeau de la peur, la haine, la méchanceté d'autrui, la rancœur.

«Celui qui renverse une muraille sera mordu par un serpent» (Ecclésiaste 10:8)

«Ne combats pas l'obscurité ; elle n'a pas de pouvoir. Augmente plutôt ta lumière. C'est dans l'adversité qu'on découvre la vraie valeur des êtres », conseille Bernard Weber.

La lumière et le bien triomphent toujours de l'obscurité et du mal. En effet, les ennemis constituent les escaliers qui t'élèvent vers l'accomplissement de tes objectifs et la réussite de tes projets. Tires et capitalises les leçons que tu apprends des méchancetés de la part des gens de ton entourage.

«La haine trouble la vie, l'amour la rend harmonieuse ; la haine obscurcit la vie, l'amour la rend lumineuse» contemple Martin Luther King.

«Les hommes livrés au mal ne comprennent pas ce qui est juste mais ceux qui cherchent l'Eternel comprennent tout» (Psaumes 28:7)

«C'est dans le vide de la pensée que s'inscrit le mal» remarque Hannah Arendt.

En effet, une personne haineuse est misérable, amère, malade, mortifiée au fond d'elle-même ; Elle est prisonnière de l'égoïsme, la convoitise, l'envie ; Elle est enchainée par le mail.

«Pourquoi elle, lui et pas moi ? Il doit sa réussite à telle personne ; Ce n'est qu'un enfant ; Ce n'est qu'un minable d'hier ? ; Il n'ira pas plus loin que là … », n'es ce pas là les phrases qui expriment l'envie, la haine d'autrui et la méchanceté dans le cœur de l'homme ?

«La haine a des yeux, mais elle est aveugle» (dicton Burkinabé)

Déracine les convoitises et la méchanceté de ton cœur, tes pensées et ton langage et tu retrouveras une vraie lumière de la vie. Incline-toi devant le talent, le génie, la réussite de ton prochain ; sois fier de lui, tu seras épanoui (e), tu vivras heureux (se)

«Ne sois pas méchant à l'excès, et ne sois pas insensé : Pourquoi mourrais-tu avant ton temps» (Ecclésiaste 7:17)

L'amour, l'amitié, la fraternité

«Quand quelqu'un t'apprécie, c'est qu'il t'admire ; s'il accepte tes défauts, c'est qu'il t'aime»

 -Mark Mour-

«C'est quand la fortune varie que se montre à coup sûr l'invariable ami»

 -Cicéron-

L'homme de bien se reconnait par ses pensées, ce qui anime son cœur et non par forcément par ce qu'il dit ou il fait.

« L'amour désigne un <u>sentiment</u> intense d'<u>affection</u> et d'<u>attachement</u> envers un être vivant ou une chose. L'amour éprouvé pour une autre personne peut conduire à adopter un <u>comportement</u> particulier et aboutir à une <u>relation amoureuse</u> si cet amour est partagé.

En tant que <u>concept</u> général, l'amour renvoie la plupart du temps à un profond sentiment de <u>tendresse</u> et d'<u>empathie</u> envers une personne. Toutefois, l'amour comprend un large éventail de sentiments différents, allant de la *passion amoureuse* et de *l'amour <u>romantique</u>,* à la *tendre proximité sans <u>sexualité</u>* de *l'amour <u>familial</u>* ou de *l'amour <u>platonique</u>* et à la *dévotion spirituelle* de *l'amour <u>religieux</u>.*

L'amour sous ses diverses formes agit comme un facteur majeur dans les <u>relations sociales</u> et occupe une place centrale dans la <u>psychologie</u> humaine, ce qui en fait également l'un des thèmes les plus courants dans l'<u>art</u>.

Le verbe français « aimer » peut renvoyer à une grande variété de *sentiments, d'états* et de *comportements,* allant d'un plaisir général lié à un objet ou à une activité (« j'aime le chocolat », « j'aime danser ») à une attirance profonde ou intense pour une personne

(« Roméo aime Juliette ») ou plusieurs personnes (« Il aime ses enfants »). Cette diversité d'emplois et de significations du mot le rend difficile à définir de façon unique et universelle, même en le comparant à d'autres états <u>émotionnels</u>.

Bien que la nature ou l'<u>essence</u> de l'amour soit un sujet de débats, on peut éclaircir plusieurs aspects de cette notion en s'appuyant sur ce que l'amour n'est pas. En tant qu'un **sentiment fort et positif,** on oppose communément l'amour à la <u>haine</u>, voire à l'indifférence, la neutralité ou l'<u>apathie</u>. En tant que **sentiment, plus spirituel que physique**, on l'oppose souvent au <u>sexe</u> ou au <u>désir sexuel</u>. En tant que **relation privilégiée et de nature romantique** avec une personne, on le distingue souvent de l'<u>amitié</u>, bien que l'amitié puisse être définie comme une forme d'amour.

L'amour désigne un fort <u>attachement</u> affectif à quelqu'un ou à quelque chose. S'il renvoie souvent, dans l'usage courant, aux <u>relations humaines</u>, et plus précisément à ce qu'une personne ressent pour une autre, l'amour peut néanmoins aussi être **« impersonnel »** : on parle ainsi de l'amour qu'une personne éprouve pour un <u>pays</u> (par exemple son propre pays *(<u>patriotisme</u>)*, pour *la <u>nature</u>*, ou encore pour *un <u>principe</u>* ou *un <u>idéal</u>*, si elle lui accorde une grande valeur et qu'elle s'y sent très attachée. De même, on peut ressentir de l'amour pour un *objet matériel, un <u>animal</u>* ou *une activité*, si l'on entretient des <u>liens</u> affectifs forts ou étroits avec ces objets et ou si on s'<u>identifie</u> à eux. Lorsque l'amour d'un objet devient exclusif, voire excessif ou <u>pervers</u>, on parle de *<u>fétichisme</u>* ou *d'<u>idolâtrie</u>*.

L'amour entre les personnes, quant à lui, est un sentiment généralement plus intense qu'un simple sentiment amical ou affectueux. Il peut cependant se présenter sous différentes formes et à des degrés d'intensité divers, de *la simple <u>tendresse</u>* (quand on dit « aimer » les enfants, par exemple) au *<u>désir</u> le plus ardent* (chez les amants passionnés par exemple). Ainsi, l'amour entre les *membres d'une même <u>famille</u>* n'est pas le même qu'entre *des <u>amis</u>* ou au sein d'un *couple d'amoureux*. Quand il est ressenti avec une grande intensité et qu'il exerce un fort *pouvoir <u>érotique</u>* (ou une <u>attirance sexuelle</u>), on parle d'amour « <u>passionnel</u> » ou de « <u>passion</u> amoureuse », utilisant souvent l'image de la <u>flamme</u> ou de la <u>brûlure</u> pour décrire l'effet qu'il exerce sur les <u>sens</u> et l'<u>esprit</u>. Quand cette passion provoque une identification si étroite avec une personne qu'elle tend à unifier les deux amants, on parle *d'amour «fusionnel »*.

L'apparition plus ou moins subite de l'amour passionnel est décrite dans la langue courante comme un dessaisissement (« tomber amoureux », « <u>coup de foudre</u> »), provoquant chez celui qui l'éprouve des <u>comportements</u> destinés à <u>séduire</u> l'être aimé et visant à obtenir la réciprocité de cet amour, qui s'exprimera le cas échéant par des actions et des gestes amoureux – parmi lesquels les <u>caresses,</u> les <u>baisers</u> et les <u>rapports sexuels,</u> ces derniers étant désignés dans plusieurs langues par l'expression « faire l'amour ». Ces pratiques et ces gestes sont en partie <u>culturels</u> et peuvent faire l'objet – tout comme l'étude des <u>interdits</u> liés à l'amour – d'une approche <u>anthropologique</u> ou <u>sociologique</u>.

Outre les différences culturelles dans les pratiques liées à l'amour, les idées et les représentations sur l'amour ont également beaucoup changé selon les époques. L'<u>amour platonique,</u> l'<u>amour courtois</u> et l'<u>amour romantique</u> sont ainsi des conceptions distinctes et apparues à des époques précises de l'<u>Histoire</u>. Il existe aussi un certain nombre de désordres psychiques liés à l'amour, et étudiés par la <u>psychologie,</u> comme l'<u>érotomanie</u> ou le <u>narcissisme</u>. Certaines formes d'amour sont par ailleurs perçues comme des <u>perversions</u> ou des <u>déviances</u> (voir <u>paraphilie</u>), telles que la <u>pédophilie</u> (attirance sexuelle pour les enfants, etc) » (dictionnaire Wikipédia)

Il y a lieu de distinguer trois formes d'amour :

-Eros : amour-passion

-Agapé : amour-amitié

-Philia : amour-profond.

L'amour attise l'amour ; la haine attise la haine.

En effet, l'amour ne se force pas ; Celui qui éprouve un amour pour toi te voudra constamment du bien, du succès, du bonheur. En revanche, celui qui te déteste te souhaitera disgrâce et malheur ; Il ne se réjouit jamais de ta réussite, ton succès, ton bonheur. C'est n'est ni ton ami ni ton frère.

«Les personnes que tu as autour de toi peuvent t'inspirer ou t'épuiser. Choisis-les avec soin» prévient Hans Hansen

Fais le misérable, le démuni, l'ignorant et tu découvriras le vrai visage de gens de ton entourage.

Un vrai sentiment d'amour est naturel et tu le mesureras mieux dans les moments d'émoi. C'est dans les moments de détresse que l'amour se manifeste comme l'eau de roche.

Le temps, la détresse, le succès te révèlera la nature profonde de tes rélations (frères, amis, etc)

Les moments difficiles constituent un véritable thermomètre de l'amour des gens de ton entourage.

«Le pauvre est détesté même par son prochain » (Proverbes 14:20)

Celui qui éprouve pour toi un sentiment d'amour authentique se montrera respectueux de ta personne et de ta dignité ; Il te soutiendra en toutes circonstances et ne rivalisera point avec toi. Si la pauvreté entre par la porte, son amour ne sortira point par la fenêtre.

«L'amour est essentiellement un état d'être. Ne sois pas seulement amoureux. Sois l'amour. Avec l'amour, la terre devient un paradis» soutient Osho.

«Ne devez rien à personne, si ce n'est de vous aimer les uns les autres ; Car celui qui aime les autres a accompli la loi […] Tu aimeras ton prochain comme toi-même. L'amour ne fait point de mal au prochain ; l'amour est donc l'accomplissement de la loi » (Romains 13:8-10)

«Et quand j'aurais […] la science de tous les mystères et toute la connaissance, quand j'aurais même toute la foi jusqu'à transporter des montagnes, **si je n'ai pas l'amour, je ne suis rien**. Et quand je distribuerais tous mes biens pour la nourriture des pauvres, quand je livrerais même mon corps pour être brulé, si je n'ai pas l'amour, cela ne sert à rien. L'amour est patient, il est plein de bonté ; l'amour n'est point envieux, l'amour ne se vante point, il ne s'enfle point d'orgueil, il ne fait rien de malhonnête, il ne cherche point son intérêt, il ne s'irrite point, il ne soupçonne point le mal, il ne se réjouit point de l'injustice, mais il se réjouit de la vérité, il excuse tout, il croit tout, il espère tout, il supporte tout. L'amour ne périt jamais » (1 Corinthiens 13:8)

Et Osho d'ajouter :

«**L'homme** a besoin d'être **un centre d'attention** ; C'est l'un des besoins les plus fondamentaux des êtres humains.

Si on ne prend pas soin de lui, l'être humain meurt. S'il ne sent pas qu'il est important pour quelqu'un, au moins pour quelqu'un, toute sa vie devient insignifiante. Aussi, l'amour est la plus grande thérapie qui soit.

Le monde a besoin de **thérapie** parce que le **monde** manque d'**amour**. Dans un monde vraiment vivant d'amour, aucune thérapie ne serait nécessaire, l'amour serait suffisant plus que suffisant.

Le toucher est simplement un geste d'amour, de chaleur, d'affection. La sensation de chaleur qui se déverse de l'autre personne fait dissoudre de nombreuses maladies en vous, fait fondre l'ego froid comme de la glace. Cela vous fait retrouver l'enfance. De nos jours, les psychologues sont bien conscients du fait que si un enfant n'est pas étreint, embrassé, il va manquer d'une certaine nourriture. Tout comme le **corps** a besoin d'**aliments**, l'**âme** a besoin d'**amour**.

Vous pouvez satisfaire tous les besoins matériels de l'enfant, lui donner tout le confort matériel, si les câlins manquent, l'enfant ne deviendra pas un être en pleine santé. Au fond de lui, il restera triste, ignoré, négligé, abandonné. Il aura reçu de bons soins, mais il n'aura pas été materné. Il a été observé que si un enfant n'est pas touché, il commence à se replier sur lui-même, il peut même en mourir, bien que tout soit à sa disposition. Sur le plan corporel, il reçoit tous les soins, mais aucun amour n'entoure l'enfant. Il devient esseulé, déconnecté de l'existence.

L'**amour** est notre **connexion** ; l'amour est notre racine. Tout comme vous respirez, c'est absolument essentiel pour le corps : arrêtez de respirer et vous n'existez plus ; De la même manière, l'**amour** est le **souffle intérieur.**

 L'âme vit par l'amour. L'esprit, la clarification, la connaissance et l'érudition n'y parviendront pas.

Vous pouvez savoir tout ce qu'il faut savoir sur la thérapie, et en devenir un expert. Si vous ne connaissez pas l'art d'aimer, vous restez uniquement à la surface du miracle de la thérapie.

Le toucher est un simple geste d'unité, même le geste apporte une aide. Si ce geste est vrai, pas seulement un geste, mais votre cœur y est aussi présent, il peut être un outil magique, il peut faire des miracles. Il peut transformer une situation.

Quand vous aimez une personne, les mots ne suffisent pas, ils ne sont qu'abstraits, quelque chose de substantiel est nécessaire ; Vous devez faire quelque chose : Tenez la main, étreignez la personne, embrassez-la, prenez-la dans vos bras, cela vous aidera tous les deux.

L'analyse est la voie du mental, le toucher est la voie du cœur. Le mental est la cause de toutes les maladies et le **cœur** est la source de toute **guérison** »

Par ailleurs, depuis notre tendre enfance, nous tissons continuellement des rélations interpersonnelles dans notre entourage familial, dans les milieux sociaux. Nous comptons ainsi de nombreuses rélations que nous appelons '' camarades, condisciples, copains, amis, connaissances, etc ''

Parfois, nous les appelons indistinctement '' amis '' En réalité, on ne peut compter que peu d'amis authentiques. Les moments d'effroi te révèleront tes vrais amis et frères.

«Si tous les frères du pauvre le détestent, ses amis s'éloigneront d'autant plus volontiers de lui. Il aura beau les poursuivre de ses paroles, ils auront disparu» (Proverbes 19:7)

Dans les jours de détresse, nombreux de tes prétendus amis ou frères t'insulteront à la misère ; Ils se révéleront moqueurs, médisants, manipulateurs, hypocrites, calculateurs à ton égard. Dans le meilleur scénario, ils te manifesteront une générosité ou empathie de façade juste pour la galanterie !

Les liens d'amitié-leur naissance, choix, solidité, vitalité et longévité-sont largement influencés par le microcosme social, les circonstances de la vie, la réciprocité et la sincérité de sentiments d'affection, la comptabilité du (des) centre (s) d'intérêt.

« A l'oiseau un nid, à l'araignée une toile, à l'homme l'amitié», soutient William Blake.

En effet, les rélations d'amitié naissent dans notre entourage social (milieu social/éducatif/professionnel, etc) et lors de circonstances diverses de la vie (voyage, évènement heureux ou malheureux, etc)

Cependant, garde de toi de faire l'amalgame entre amitié et lien hiérarchique et ou un partenariat d'affaires. Le lien hiérarchique n'est-il pas contraire à l'esprit d'amitié ?

L'amitié s'attire, se fidélise et se consolide par l'ouverture à l'autre, l'empathie, l'altruisme, la sincérité, le contact régulier, les gestes de bonté désintéressée, la tolérance, la fidélité, le soutien mutuel et le sentiment de bonheur partagé.

Au-delà de l'échange de toutes sortes des présents, la tolérance, la fidélité, la convergence de vues, la convivialité, le partage des peines, échecs, déconvenues, réussites, joies, succès, fiertés, de repas, d'un verre d'eau, la causerie, les loisirs, les divertissements et la confiance mutuelle constituent les ciments d'une amitié vivante, solide, enrichissante et épanouie.

«L'amitié est une inclination réciproque entre deux personnes n'appartenant pas à la même famille. C'est un sentiment d'affection entre deux personnes, un attachement, une sympathie qu'une personne témoigne à une autre. C'est un sentiment réciproque d'affection ou de sympathie qui ne se fonde ni sur la parenté ni sur l'attrait sexuel. C'est aussi une marque d'affection, un témoignage de bienveillance» (Dictionnaire Wikipédia)

Scrute le fond de ton prétendu frère ou ami : Est –il envieux de ta personne ? Médite-t-il ton mal ? T'invective-t-il ? Te calomnie-t-il ? Si c'est le cas, passe loin de lui, ce n'est ni ton frère, ni ton ami !

Celui qui ne se réjouit point de ta lumière, de ce qui fait ou ferait ton bonheur et ou qui ne se met point en peine pour toi, n'est pas avec toi.

Rappelle-toi : L'argent crée une fausse connexion relationnelle entre les hommes, celle des intérêts et non celle du cœur.

Ton prétendu ami est-il très opportuniste, affairiste ou calculateur au point d'être disposé à te trahir pour un gain personnel qu'il se propose et ou qui lui serait proposé ? Dans l'affirmative, réfléchis bien sur le sens qu'il donne à votre lien d'amitié ou de fraternité et l'orientation à donner à celui-ci.

Une relation parentale, amicale ou amoureuse fondée essentiellement sur les intérêts matériels ou financiers est une relation fragile, sans lendemain, vouée à s'envoler en éclat…

Si pour ton prochain, l'appât du profit personnel l'emporte sur l'empathie, l'altruisme, c'est qu'il est tout pour toi sauf un ami, camarade ou un frère ; Il aura beau t'avoir fréquenté, partagé un verre d'eau, un repas, des moments conviviaux avec toi, s'il n'a jamais éprouvé une empathie désintéressée à ton endroit, c'est qu'il n'a jamais été ton frère ou ton ami !

Ton ami est-il d'un rang social inférieur au tien ? Rassure-toi de la sincérité et la générosité de son amitié.

«Persévérez dans l'amour fraternel » (Hébreux 13:1)

Un vrai ami ou frère est sans aspérités ; il se montre bienveillant et te prévient du mal ; Il est prêt à consentir des sacrifices pour ton bien. Il se montre clément, indulgent ; Il digère avec empathie tes faiblesses, erreurs ou fautes et te soutient à les surmonter.

Un vrai ami est ton meilleur conseilleur ; Au milieu de tes peines, il se tient à tes cotés pour t'apporter son soutien émotionnel, moral ou matériel. Il est ton complice dans le bonheur et le malheur.

«L'ami aime en toute circonstance, et dans le malheur, il se montre frère » (Proverbes 17:17)

Un vrai ami n'affiche pas une fausse bienveillance, gentillesse ou générosité pour pouvoir se servir de toi et parvenir à ses propres fins.

Un vrai ami se montre respectueux à ton égard et ne te jugera point à tout va ; Il n'est point condescendant ; Il te place point dans une position mineure. Il n'a ni complexe de supériorité ni d'infériorité à ton égard. Il éprouve un complexe d'amour naturel et d'égalité.

L'amitié, c'est se mettre en équivalence avec autrui et non se livrer à faire jouer le rapport de force avec lui.

Discernes celui qui témoigne un amour naturel pour toi qu'elle que soit ta condition sociale, c'est celui-là ton véritable ami ou frère. De cela, il est clair que l'empathie, la sincérité, le désintéressement restent une marque d'une véritable amitié.

Un véritable amour est naturel ; Il ne se force point.

Répands toi en confidences uniquement à tes vrais amis ou frères ; cries leur tes peines, ennuis, ton désespoir et comptes sur leurs soutiens. Pour autant, toute ta vie n'est pas à mettre sur une vitrine publique. Rappelle-toi : l'ami intime peut devenir demain pour des raisons qui lui sont propres un ennemi intime !

Aménages-toi une certaine parcelle de jardins des secrets personnels : les secrets de tes habiletés singulières, tes forces, tes espoirs, tes avoirs, les coulisses de ta réussite, ton succès sont pour toi.

Quoiqu'il en soit, ne fais pas trop mystère de ta vie, ton passé au risque de susciter des préjugés sur toi et ou la déformation de ta personnalité. Souvent, les gens ne sont ni tes amis ni tes ennemis ; Ils sont juste ambivalents, distants, intrusifs dans ta vie. Ils sont curieux du parcours de ta vie et ou de quoi ton avenir sera fait. Ils se lient à toi essentiellement par profit, pour leurs propres intérêts inavoués. Ne te laisse pas entrainer à tout va sur des voies qui ne seraient pas conformes à ta nature propre.

Dans le cas où ton prétendu ami ou frère se révélait envieux ou jaloux de toi, ton (tes) talents, ta réussite sociale ou matérielle, ton succès, méfie-toi et éloigne toi de lui.

Pourquoi parler d'amour, d'amitié et fraternité ? Il est de bon aloi qu'une affection naturelle et sincère devra être au cœur d'une relation d'amitié ou de fraternité. Existe-t-il une amitié sans empathie sincère ?

'' Si vous voulez un ami à Washington, offrez-vous un chien '' a dit Truman, ancien Président des Etats-Unis. Ce propos ne traduit-il pas la crise d'amitié véritable et authentique dont souffre notre époque dite '' moderne '' ?

«Celui qui a beaucoup des compagnons les a pour son malheur, mais il y a des amis plus attachés que des frères» (Proverbes 18:24)

Il est telle personne capable d'afficher une fausse générosité pour parvenir à ses fins ou assouvir ses intérêts égoïstes ; son art d'hypocrisie dépasse toute imagination raisonnable. Tant mieux si la quête du profit individualiste de ton faux frère ou ami ne contrarie les siens et ou ne t'arrache la vie !

Discernes le mobile de toute sollicitude à ton égard : Fais la part entre celui qui entend se servir de toi, abuser de toi et celui qui entend bénéficier de ton savoir, savoir-faire sans te porter préjudice et ou celui qui entend mutualiser ses forces avec toi dans une relation gagnant-gagnant.

Va au-delà des apparences bienveillantes de ton prétendu frère ou ami ; Scrute le fond de son cœur. Eprouve-t-il en lui un vif amour naturel pour toi ? Est-il d'un cœur pur ? Est-il d'un désintéressement sincère à ton endroit ? Te perçoit-il comme sa vache à traire le lait ? Est-il juste attiré et attaché à toi pour tes points forts ? En es-tu à te rendre compte qu'il est plus motivé dans votre relation par ses propres calculs profiteurs ? Dans l'affirmative, garde toi de lui, ce n'est qu'un vil profiteur qui sans trépigner te tournera le dos dans les mauvais jours.

Celui qui affirme être ton ami ou ton frère mais qui médite ton mal et ou te voir faible, vulnérable ou dans une situation d'échec ou de misère, n'est ni ton frère ni ton ami ni ton frère.

Ton ami ou ton frère te fait-il confiance et comprend avec empathie tes faiblesses ? Se soucie-t-il de ton bonheur ? Si c'est le cas, c'est que son amitié pour toi est accomplie.

Les psychologues seraient les mieux indiqués à nous éclairer comment déchiffrer une amitié vraie et sincère.

Amitié et condition sociale ; Amitié et business ; Amitié et hiérarchie font-ils souvent bon mélange ?

Une amitié sincère, généreuse et bienveillante serait-elle à même de briser les barrières de classes sociales (haute société-classe moyenne, classe ouvrière) ainsi que les barrières des liens hiérarchiques (patrons-employés) pour s'identifier à son prochain et participer à son bonheur ? Peut-elle surmonter cet adage courant : '' Quand cesse l'égalité, l'amitié disparait '' Ce cas de figure n'est-il pas peu commun ?

Peu importe que la personne avec qui tu te lies d'amitié soit de ton rang social ou pas, si elle n'éprouve point d'empathie profonde et désintéressée à ton égard, elle te sera nuisible tôt ou tard.

Amitié, liens de parenté et business font-ils souvent bon mélange ? Les convoitises matérielles ou financières et ou l'égoïsme peuvent-ils l'emporter et conduire à la rupture des liens amicaux ou parentaux lorsqu'on mène les affaires ensemble ? Si chacun se met à sa place, se montre vertueux et respectueux des règles de groupe, le mélange '' Amitié, famille et business '' ne fonctionnera-t-il pas à merveille ?

Que devrait (ent) être le (s) **fondement (s) d'une amitié vraie et sincère ?** L'empathie, l'affection naturelles, sincères, réciproques, la confiance mutuelle, une vague complicité et entente mutuelles, une convergence de vues, d'ambition ?

La régularité de dialogue, de fréquentations, le partage d'un verre d'eau, des repas, des moments agréables que de détresse, l'ambiance d'un sentiment de bonheur partagé, ne sont –ils pas aussi les ferments d'une amitié sincère, vivante et solide ?

Certes, les présents représentent une expression courante d'amitié ou d'amour, cependant, ils seront tenus pour hypocrites ou calculateurs s'ils ne contiennent aucune marque de bonté et empathie désintéressées. Aussi, il va de soi qu'une conduite déraisonnable et antipathique constitue les facteurs susceptibles d'abimer les liens d'amitié.

En tout état de cause, la constance, l'honnêteté, la sincérité, la confiance, l'empathie réciproque restent les ferments indispensables à la vitalité, vigueur et longevité d'une relation d'amitié ou de parenté.

«L'amitié est rare, très rare, d'où son aspect précieux et marquant. On arrive à la fin de sa vie et on essaie de compter ceux que l'on considère comme des vrais amis, ceux dont la fidélité a été sans faille, ceux qui vous ont aimé tel que vous êtes, sans vous juger ni essayer de vous changer.

C'est dans les épreuves, les moments difficiles que l'amitié se révèle et se consolide ou s'absente et tombe dans le commun de l'oubli.

L'amitié, c'est ce qui permet de désarmer la cruauté et affronter le mal. Elle peut avoir existé, sincère et forte, puis se briser d'un seul coup, s'anéantir, parce qu'elle aura manqué à l'un de ses **principes fondamentaux : la fidélité** ; c'est-à dire la constance dans la confiance, cette constance qui ne doit jamais faire défaut. Comme l'écrit ciceron :» C'est quand la fortune varie que se montre à coup sûr l'invariable ami» La trahison est non seulement étrangère à l'amitié mais sa négation absolue …» (Tahar Ben Jelloun)

Quelle serait la marque majeure de l'amitié ? L'empathie, l'affection généreuses, l'altruisme, l'honnêteté, la fidélité, le renoncement, le soutien mutuel inconditionnels ?

Trouves une réponse à cette interrogation et découvres ton véritable ami ou frère.

Le prix à payer pour le succès

«Je ne peux pas vous fournir la formule menant au succès, mais je peux vous donner celle de l'échec : essayer de plaire à tout le monde»

-Herbert Bayard Swope –

«Là où se trouve une volonté, il existe un chemin»

-Winston Churchill –

Le parcours de la réussite sociale ou matérielle n'a jamais été une partie de plaisir.

Pour triompher dans son projet, il y a un prix à payer : sortir de sa zone de confort, se fixer des objectifs clairs, garder la confiance en soi, cultiver l'intelligence relationnelle, prendre des risques mesurés, consentir les sacrifices, les épreuves, les peines, les échecs.

«C'est impossible, dit la fierté, c'est risqué dit l'expérience ; c'est sans issue, dit la raison ; essayons, murmure le cœur» analyse William Arthur Ward.

Le succès est avant tout un état d'esprit. Pour s'assurer le succès, il convient d'avoir de la passion pour son projet, s'appliquer à un dur labeur pour marquer des petits pas en avant et réajuster continuellement ses tirs.

«Lorsque vous sortez de votre zone de confort, ce qui était inconnu et effrayant devient votre nouvelle normalité » encourage Robin S. Sharma.

Le chemin de la réussite est épineux ; il se construit dans les ronces, les épines, les peines, l'humilité. En effet, les épreuves concourent à tracer une voie nouvelle et ou constituent en soi une voie pour un horizon nouveau.

«La timidité est dangereuse, l'audace est puissante» motive Robert Greene.

Les épreuves sont la voie vers l'ascension sociale. L'école des épreuves, des échecs et de combat est pour les personnes qui ont rendez-vous avec le succès. «Aux chemins les plus hauts, les chemins les plus étroits », assure Pathe Dione.

Conquiers tes ennemis à ta cause et si besoin il y a, mets les à ton service.

Inspire-toi du comportement de l'arbre qui fait preuve de sérénité, patience et résilience face à une tempête violente. Exploites judicieusement tes énergies et tes talents. Relève ton menton, gardes la confiance en soi, le sens de l'effort, la discipline personnelle, tu atteindras ton but.

«La patience est la clé qui ouvre la porte du succès» dit un adage Ghanéen. Et Félix Le Clerc d'enchérir : «Il y a plus de courage que de talent dans la plupart des réussites »

Si tu dois reussir tes projets, bannis la peur, affûte ton esprit et avances vers tes rêves. N'imite personne, ne suis pas les traces d'autrui. Forge ton propre chemin.

Albert Einstein nous dit : «L'imagination est puissante que la connaissance. La connaissance est limitée. L'imagination encercle le monde»

Se laisser abattre face à l'adversité est le chemin le plus sûr vers l'échec, la misère.

Certes, la traversée du désert te mettra hors de toi-même ; Quoiqu'il en soit, elle concourt à façonner ta vision du monde et à te rendre plus fort, plus mature. Comment serais-tu arrivé dans ton Canaan si tu n'étais pas passé par le désert ? Si tu dois obtenir du miel, ne devras tu pas affronter les piqures des abeilles ?

«Chaque réalisation (grande ou petite) connait de périodes de corvées et de triomphes, un début, un combat, une victoire», explique Gandhi.

Sans effort, aucune réussite n'est possible !

«Même quand ses efforts ne paient pas de sitôt, le visionnaire n'arrête jamais de charbonner. Le rêve est permis pour tous, réaliser un rêve n'est donné qu'à ceux qui gardent la même détermination jusqu'au bout», exhorte William Sinclair.

Si tu ne peux pas faire preuve d'humilité, de constance, d'abnégation, de l'audace, de sérénité et de patience, sache que les grandes ambitions ne sont pas faites pour toi !

Si tu caresses les nobles idéaux, c'est que tu es heureux.

Surmontes le conformisme et les clichés sociaux ; Avances vers la métamorphose de ton esprit et ton émancipation véritable. Nietzche conseille ce qui suit : «Vas vers le lion que tu es : brises les chaînes, révolte-toi contre les règles asservissantes de la société et ses promesses de la carotte. Libère-toi de la soumission au dragon, cesse d'être un chameau ou un âne, exploite ton potentiel et redéfini-toi». Laisse le monde venir à toi.

«L'excellence n'est pas un accident, c'est le résultat d'une intention élevée, d'un effort sincère et d'une exécution intelligente » assure Aristote.

Arme toi du courage et triomphes dans tes projets; Fais sien ce principe : du petit sortira le grand, du faible sortira le fort, de l'échec sortira le triomphe, le succès, de l'humiliation sortira le respect, de la peine sortira la joie, de la pauvreté sortira la richesse, de la douleur sortira le plaisir, du malheur sortira le bonheur…

Donne une apparence de grandeur et de dignité personnelle ; Engage-toi dans la toîle d'influence ; Discernes tes adversaires et tes ennemis. «Ne dépassez pas le patron ; Ne dépassez pas non plus vos objectifs» conseille Robert Greene.

Somme toute, '' Réussir sa vie est plus importante que réussir dans la vie '' tranche un adage populaire.

«L'estime vaut mieux que la célébrité, la considération vaut mieux que la renomée et l'honneur vaut mieux que la gloire» éveille Sébastien Roch Nicolas de Chamfort.

Les vraies richesses, c'est la paix de son âme, la bonne santé, la bonté de cœur, le partage de son pain ou du bonheur avec son prochain !

«La gloire fait tout ce qui est grand, la vertu ce qui est divin» remarque Victor Hugo.

«Le bonheur est un état permanent qui ne semble pas fait ici-bas pour l'homme. Tout est sur la terre dans un flux continuel qui ne permet à rien d'y prendre une forme constante. Tout change autour de nous. Nous changeons nous-mêmes et nul ne peut s'assurer qu'il aimera demain ce qu'il aime aujourd'hui. Ainsi, tous nos projets de félicité pour cette vie sont des chimères. Profitons du contentement d'esprit quand il vient ; gardons-nous de l'éloigner par notre faute, mais ne faisons pas des projets pour l'enchainer, car ces projets-là sont des pures folies. J'ai peu vu d'hommes heureux, peut-être point ; mais j'ai souvent vu des cœurs contents, et de tous les objets qui m'ont frappé. C'est celui qui m'a le plus contenté moi-même. Je crois que c'est une suite naturelle du pouvoir des sensations sur mes sentiments internes. Le bonheur n'a point d'enseigne extérieure ; Pour le connaitre, il faudrait lire dans le cœur de l'homme heureux, mais le contentement se lit dans les yeux, dans le maintien, dans l'accent, dans la démarche, et semble se communiquer à celui qui l'aperçoit»

Ouvre les portes de ton âme, accueille la lumière de Christ et retrouve une vie pleine de sens et de bonheur.

Les épreuves de la vie ou la traversée du désert

«La vie te mettra des pierres sur ton chemin. A toi de décider si tu en fais un mur ou un pont»

-Coluche-

La vie de l'homme est faite de joies, de plaisir, du bonheur, des peines, des difficultés, du malheur ; Elle est ponctuée des situations tant heureuses que malheureuses.

Les problèmes d'ordre familial, financier, professionnel, la faillite, la perte d'emploi, des revenus, l'infertilité, la rupture des liens conjugaux, la maladie, la trahison, un incident fâcheux, l'acharnement contre sa personne, la condamnation judiciaire, la réclusion, le décès d'un être cher – pour ne citer que ceux-là, constituent des épreuves de la vie auxquels l'homme est susceptibles d'être confronté.

Certes, les épreuves de la vie suscitent le sentiment d'être sur un fleuve d'échec, de désespoir ou de malheur ; Quoiqu'il en soit, il importe de garder la sérénité et l'espérance d'un jour nouveau.

«Il faut de l'humilité pour apprendre, mais c'est la vie qui est la grande éducatrice» affirme James Joyce.

La vie de l'homme n'est-elle pas comme une barque à voile propulsée par les vents ?

«La vie n'est pas une fête perpétuelle. Merci pour les roses ; Merci pour les épines», discerne Jean d'Ormesson.

Les obstacles contribuent à façonner ton imagination créatrice ainsi que ton caractère.

L'homme ne se forme-t-il, ne se découvre-t-il pas par la peine ?

La pierre à aiguiser ne rend-il pas le couteau plus effilé ?

«Quand le puits est à sec, on sait ce que vaut l'eau» (Platon)

L'épreuve contribue à t'assagir et à te conduire à ton bonheur. C'est grâce à l'expérience acquise que tu apprends à mieux jouer ton rôle sur la scène de la vie.

«L'instabilité est nécessaire pour progresser si on reste sur place on recule» (Coluche)

Le temps nuageux concourt à ta formation et ta maturation mentale ; Il constitue une opportunité pour (re) penser ton chemin, tes projets.

«J'ai toujours aimé le désert. On s'assoit sur une dune de sable. On ne voit rien. On n'entend rien. Et cependant quelque chose rayonne en silence », rassure Antoine de Saint-Exupéry.

Tes faiblesses ou difficultés portent en elles tes atouts, tes forces pour réussir tes projets. L'escalier vers tes rêves est fait des épreuves et des peines.

«Au milieu de chaque difficulté se cache une opportunité» soutient Albert Einstein.

Les grandes idées ne naissent-t-elles pas dans les moments de tempête ? L'échec ou le moment difficile te permet de mesurer tes forces et tes faiblesses.

C'est dans la traversée du désert que s'écrit la page et se tracer le chemin de ton avenir.

«On dit qu'avant d'entrer dans la mer, une rivière tremble de peur. [Elle regarde en arrière le chemin parcouru depuis les sommets, les montagnes, la longue route sinueuse traversant les forêts, et voit devant elle un océan si vaste qu'y pénétrer ne parait rien d'autre que devoir disparaitre à jamais. Mais il n'y a pas d'autre moyen.] La rivière ne peut revenir en arrière. La rivière a besoin de prendre le risque et d'entrer dans l'océan. Ce n'est qu'en entrant que la peur disparaitra, parce que, c'est alors seulement que la rivière saura qu'il ne s'agit pas de disparaitre dans l'océan mais de devenir océan » (Khalil Gibran)

Amadou Hampâté Bâ enchérit : «On ne peut pas m'annoncer une nouvelle plus grave que celle que le destin m'a assignée au jour de ma naissance en me disant : «tu es entré dans une existence dont tu ne sortiras pas vivant, quoi que tu fasses […] »

«Ce qui noie quelqu'un, ce n'est pas le plongeon, mais le fait de rester sous l'eau», exhorte Paul Coelho.

L'épreuve ou l'échec n'est pas une fatalité ; Il convient de ne pas se laisser vaincre par les épreuves. Si ton projet n'a pas abouti, ne dis pas que ta peine a été perdue, tu as acquis une expérience qui te sera utile dans l'avenir.

As-tu connu une banqueroute ? As-tu perdu un être cher ? Ton rêve ne s'est pas réalisé ? Ne laisse pas le choc t'ébranler, digères le, garde ton calme, redouble d'ardeur n'en déplaise le poids de la peine, le désespoir ou les invectives sur ta personne. «Ce qui compte ce n'est pas ce qui arrive, c'est ce qu'on fait de ce qui arrive», exhorte Annie Ernaux.

Et Mère Thérèse de Calcutta d'affirmer : «La peur est le plus grand obstacle ; la mauvaise humeur est le pire défaut ; Renoncer est la faute la plus grave ; le découragement est la plus pire défaite ; l'optimisme est le médicament le plus efficace»

Sois conscient de ce que l'épreuve ou l'échec fait partie du processus de la réussite ; le désarroi ne devrait pas t'amener à brader ton rêve, ta dignité et à te livrer à la mendicité et ou aux mauvaises mains pour un salaire de chien.

«Celui qui guette sans cesse le vent n'ensemencera jamais et celui qui observe toujours les nuages ne moissonnera pas» (Ecclésiaste 11:9)

Peu importe les orages qui s'abattent sur ta vie, continues à relever ta tête et à avancer vers ton rêve.

«Au jour du bonheur, sois heureux, et au jour du malheur, réfléchis [...] » (Ecclésiaste 7:14)

Puise la force et le courage d'avancer vers tes rêves dans la prière quotidienne.

«L'Eternel est mon berger. Je ne manquerai de rien. Même quand je marche dans la sombre vallée de la mort, je ne redoute aucun mal car tu es avec moi. Ta conduite et ton appui : voilà ce qui me réconforte» (Psaumes 23:1:4)

Quand tu traverses les épreuves, fortifie-toi, garde le contrôle de soi, l'équilibre émotionnel et entrevoit l'avenir avec optimisme. Néanmoins, en cas de troubles émotionnels inquiétants, sollicite une attention médicale.

Ne t'enferme pas sur ta cage de difficultés, sollicite le soutien de tes amis ou frères authentiques. Ne dit-on pas que le chagrin est comme un trésor qu'on ne dévoile qu'à ses amis ?

Forme-toi, développes tes talents, tes compétences et continues d'innover et d'avancer vers ton rêve.

Ne dit-on pas que la lecture libère l'âme et fortifie l'esprit ? S'appliquer aux loisirs sains (la lecture, etc) peut se révéler un bon exutoire du stress dans les moments où tout semble être contre vous.

Attache-toi à l'effort et la lumière apparaîtra.

Livres toi à la drogue, l'abus de l'alcool, dilapides tes revenus : tu en viendras à manquer du pain et à essuyer le mépris de ton entourage. Ne te laisse pas aller au défaitisme ; si tu chancelles, c'est une occasion de regarder attentivement devant toi, autour de toi, d'améliorer ta marche et de répartir du bon pied.

Ne t'affiche pas comme un être égaré ; Sois inébranlable, tu viendras à bout de tes peines.

Garder le calme est la meilleure attitude à adopter dans les moments d'émoi. Rapproches-toi de Dieu dans la prière, la repentance, la foi, la patience, l'humilité, il te fera renaître de tes cendres ; Il libèrera sa puissance souveraine pour te sortir du gouffre et te redonner la paix et le bonheur.

»Venez à moi, vous tous qui êtes fatigués et courbés sous un fardeau, et je vous donnerai du repos» (Mt 11:28) Et Jean 11:4 d'ajouter : « […] Cette maladie n'est point à la mort»

Les bourreaux du Christ se réjouissent de ta crucifixion, ils ne savaient pas que sa résurrection interviendrait dans trois jours et ils ont été désarçonnés de le voir revenir à la vie ! Il en sera de meme pour toi.

«Tant que l'on vit, il y a de l'espoir. La mort est le seul coup fatal», réconforte William Sinclair.

«J'ai encore vu sous le soleil que la course n'est point aux agiles, ni la guerre aux vaillants, ni le pain aux sages, ni la richesse aux intelligents, ni la faveur aux savants ; car tout dépend pour eux du temps et des circonstances» (Ecclésiaste 9:11)

Quelle que soit la nature de l'épreuve que tu traverses (*embarras financier, judiciaire, perte d'emploi, chômage, échec, maladie, invalidité, perte d'un être cher, etc*), c'est qui importe c'est de fermer les oreilles aux médisances et te détourner du regard culpabilisant ou moqueur de ton entourage. Fais usage de ton intelligence, ta créativité et semer les grains pour une moisson dans les jours à venir.

«L'espoir que je garde en moi me fait croire qu'à partir des graines que je répands aujourd'hui que mes lendemains fleuriront », espère Inès Seibert.

«L'optimisme est la foi qui mène à la réussite ; Rien ne peut être fait sans espoir ni confiance », note Helen Keller. Et Antoine de Saint Exupéry d'ajouter : «Ce qui sauve, c'est de faire un pas. Encore un pas, c'est toujours le même pas que l'on recommence»

Quand bien même l'issue de ta détresse serait tragique, gardes l'équanimité et une conduite saine, il en va du souvenir mémorable de ton nom.

«C'est parfois utile de tomber, de se ramasser la gueule et puis on se relève. Quand on se relève, on voit les choses et les gens autrement», observe Philippe Labro.

Certes, tu as été esseulé, égaré, désespéré, misérable, cependant si tu n'étais pas passé par le chemin du désert, aurais-tu réalisé ou obtenu ce qui fait ton bonheur aujourd'hui ? Serais-tu devenu la personne que tu es aujourd'hui ?

La traversée du désert t'a fait marcher sur des charbons ardents ; Elle t'a réduit à l'épuisement physique, mental, à la détresse, le déshonneur, l'échec, la misère, cependant, elle t'a permis de mieux te découvrir et découvrir ton entourage ; Elle t'a conduit vers des nouveaux horizons qui font désormais ton bonheur.

«A vaincre sans péril, on triomphe sans gloire», nous dit Pierre Corneille.

Te voilà dans ton '' Canaan '', n'oublieras-tu pas les épisodes de peines, échecs, détresses, désespoirs, souffrances, chagrins, cauchemars, calvaires que tu as vécus, endurés ? Ne te réjouira pas d'être passé par le chemin du désert et de l'heureux dénouement de ton sort ? Te voilà enfin sorti de l'auberge, le chemin des épreuves de la vie t'a enfin porté chance et bonheur ! Sois reconnaissant de ce que la traversée du désert a fait germer dans ta vie ; Exprimes la gratitude sincère envers ceux qui t'ont apporté un quelconque soutien sincère dans ta traversée du désert ; Remercies aussi ceux qui t'ont tendu des embûches et ou qui t'ont crié au malheur, à la misère ; Ils ont ainsi concouru à te rendre plus tenace, fort et mature.

Une nouvelle génération de leaders pour changer le monde

«Les imbéciles se multiplient quand les sages sont silencieux» (Nelson Mandela)

«C'est votre exemple qui change le monde, pas vos opinions»
- Paulo Coelho -

Une nouvelle génération des champions pour changer le monde ne verra le jour que si l'homme fait de l'integrité morale, la fraternité universelle, la justice, l'équité, la non-violence, le partage, la solidarité, l'harmonie entre l'homme et l'environnement ainsi que le primat de l'homme sur la finance et la politique – le socle de son existence et celui de l'humanité. C'est en embrassant ces valeurs que l'homme nouveau pourra se défaire de l'égoïsme, l'asservissement au capital, à la finance, la technologie et aux abus du pouvoir.

Qui plus est, l'exaltation consciente de la dignité et la fraternité humaines représentent des valeurs indispensables pour bâtir le bien-être humain, l'équité et la paix.

«J'ai longtemps attendu que ma vie change ; Maintenant, je sais que c'est elle qui attendait que moi je change», remarque Fabio Volo

Chacun (*jeune, homme, femme, etc*) a un rôle à jouer pour changer le sort et le paysage de l'humanité. Et Mao Zedong d'affirmer : «Les jeunes sont comme l'aurore ; Nous devons confier notre espérance aux jeunes»

Par ailleurs, il convient d'encourager les jeunes cultiver le sens de responsabilité et à conformer leur vie à une conscience vertueuse et à mieux exploiter les **richesses** de leur **jeunesse** : l'énergie vitale, l'ambition ardente, la flamme d'espoir d'un avenir meilleur, les talents, la capacité d'apprendre, l'audace, le sens d'entreprendre et ou d'innover.

«Chaque génération, sans doute, se croit vouée à refaire le monde. La mienne sait pourtant qu'elle ne le refera pas. Mais sa tâche est peut-être plus grande. Elle consiste à empêcher que le monde se défasse», soutient Albert Camus.

«Si tu veux éliminer toute la souffrance du monde, alors élimine tout ce qui est obscur et négatif en toi. En vérité, le plus grand cadeau que tu puisses offrir au monde, c'est celui de ta propre transformation », cette exhortation des 'fameux Taoïstes' n'est-elle pas juste ?

Psaumes 25:12-13 conclut : «Quel est l'homme qui craint l'Eternel ? L'Eternel lui montre la voie qu'il doit choisir. Son âme reposera dans le bonheur et sa descendance héritera le pays»

(Re) Penses tes valeurs et principes pour une vie accomplie !

«Fais une roue droite pour tes pieds et que tes voies soient bien sûres ! Ne dévie ni à droit à ni à gauche et détourne ton pied du mal » (Proverbes 4:26:27)

1. Connais-toi toi-même : Prends conscience de ce que tu es dans ta nature profonde, tes talents, tes atouts, tes opportunités, tes rêves. Garde l'estime de soi, la confiance en soi ; Imposes le respect de ta personne et de tes mérites.

2. Laisses-toi conduire par le bon sens, la morale, l'honnêteté, la vérité, la sagesse, l'amour, la bonté, le respect de la dignité humaine, l'équité et la justice dans toutes tes voies.

«Si ce n'est pas à vous, ne le prenez pas, si ce n'est pas juste, ne le faites pas, si ce n'est pas vrai, ne le faites pas, si vous ne savez pas, taisez-vous» Dicton Japonais.

«En vérité, en vérité, qui commet le péché est esclave du péché » (Jean 8:34)

Pour vivre, il faut du bon sens, l'intelligence, la bonté de cœur, l'amour du prochain, la générosité, l'amour de Dieu, la bonne santé, la discipline, l'organisation personnelles, le courage, le sens de l'effort et de l'action.

- Diriges ta vie dans **l'integrité** et ne te laisses pas entrainer par l'amour de l'argent au point de fouler au pied la morale ou la dignité humaine.

«L'amour de l'argent est en effet à la racine de tous les maux ; En s'y livrant, certains se sont égarés loin de la foi et se sont infligé eux-mêmes bien des tourments» (1 Timothée 6:10)

-Honores tes parents et conformes-toi à leur bonne instruction.

-Garde-toi d'être **loquace,** bavard, indiscret. Laisse tes talents et ou ta conduite révéler ton être, ta personnalité.

«Le sage ne dit pas tout ce qu'il pense, mais il pense tout ce qu'il dit» observe Aristote. Proverbes 21:23 conseille : «Celui qui veille sur sa bouche et sa langue se préserve de bien des angoisses»

«Le silence est tranquillité mais jamais un vide», nous dit Yuhudi Menuhin. Proverbes 14:18 avertit : «Celui qui parle à la légère blesse comme une épée, tandis que la langue des sages apporte la guérison»

«Le silence donne raison, le silence donne le pouvoir, le silence rend l'adversaire aveugle» (anonyme)

-**Bannis** de ton cœur la **convoitise**, la jalousie, la haine, l'iniquité, la perversité, la malveillance, la violence, l'avarice, le goût de la vengeance.

«Le sage craint le mal et s'en détourne tandis que l'homme stupide se montre arrogant et plein d'assurance» (Proverbes 14:16)

-Cultive **l'amour du prochain**, le respect de la vie humaine, l'honnêteté, la maitrise de soi, la discipline personnelle, la fidélité, la loyauté, le juste-milieu, l'humilité, le sens du pardon, du partage, la générosité, la compassion.

Par un geste bienveillant et généreux, voles au secours de ton prochain et ou de l'indigent sans rien attendre en retour.

3. Sois à l'école de Dieu, pratique ses commandements, laisse-toi guider par lui et vis en constante communion avec lui par la prière et le jeûne. Vivre en parfaite communion avec le Très Haut est la voie de la vie, la vérité et le vrai bonheur.

«Il n'appartient à l'homme […] de diriger son pas» (Jérémie 10:23)

«Quel est l'homme qui craint l'Eternel ? L'Eternel lui montre la voie qu'il doit choisir. Son âme reposera dans le bonheur et sa descendance héritera le pays» (Psaumes 25:12-13)

Le corps physique n'est rien, c'est l'esprit qui vivifie ; «Le fou dit dans son cœur : «il n'y a pas de Dieu […]» (Psaumes 14:1)

«Confie-toi en l'Eternel de tout ton cœur et ne t'appuie pas sur ton intelligence ! Reconnais-le dans toutes tes voies et il rendra tes sentiers droits» (Proverbes 3:5)

La meilleure relation possible que tu puisses avoir est celle avec Dieu ; l'affection si profonde soit-elle que te porte ton frère, ami ou ton conjoint comporte des limites ; l'affection du Très Haut est infaillible.

Il est bénéfique de faire confiance à la super puissance souveraine du Christ, elle sauve, elle illumine, elle revivifie, elle éclaire les voies de l'homme, elle protège, elle répond aux problèmes et aux besoins de l'homme ; Elle libère, épanouie, elle est lumineuse et glorieuse que celle de toute principauté ou puissance de ce monde, tant visible qu'invisible.

« […] Moi, non plus, je ne te condamne pas, vas-y et désormais ne pèche plus» (Jean 8:11)

4. Sois spirituel et raisonnable

Passe au tamis tes pensées et des décisions et leurs conséquences éventuelles avant d'agir. Eloigne-toi du spiritisme. Seul Christ est à même de te préserver des forces de ténèbres, de te procurer la paix et un vrai bonheur.

Découvre et pratique une vraie spiritualité qui mène à la vie.

«Tu me fais connaitre le sentier de la vie, il y a d'abondantes joies dans ta présence, et un bonheur éternel à ta droite» (Psaumes 16:11)

5. Etudie, forme-toi avec assiduité

Applique-toi à acquérir, à développer ton savoir, savoir-faire ; Embrasses une filière d'étude conforme à ta nature propre et à tes aptitudes tant physiques que mentales.

6. Connecte-toi à ton milieu, Ouvre-toi au monde

Sois toi-même ; Pour autant, vis pour les autres. Garde la discipline personnelle et démontrer une conduite exemplaire.

7. Garde l'humilité et la confiance en soi

«Le fruit de l'humilité, de la crainte de l'Eternel, c'est la richesse, la gloire et la vie» (Proverbes 22:4)

8. Prends conscience de tes rêves et ton destin.

Traces ta route, prends conscience de tes rêves, tes projets et œuvre à les faire triompher. Découvres tes vrais amis et frères et attaches-toi à eux.

9. Gagne honnêtement ton pain : Penses droit, cultive ton propre champ, travaille dur ; Implante ton entreprise ou trouve-toi un travail conforme à ton naturel.

Cultive ton intelligence financière, épargne, fructifie tes avoirs, gère tes revenus avec orthodoxie.

«Celui qui agit avec nonchalance s'appauvrit, mais la main des personnes actives est source de richesse» (Proverbes 10:4)

10. Prends des risques réfléchis, mesurés dans tes affaires ; Honores tes engagements envers les tiers, les créanciers.

Quand vous concluez un accord et ou un partenariat, prenez soin de définir clairement par écrit les obligations et avantages de chacune des parties.

11. Cultives des rélations interpersonnelles cordiales, harmonieuses et respectueuses avec les gens de ton entourage.

-Inspire-toi des figures de référence moralement dignes et honores les aînés.

-Bannis la discrimination envers ton prochain, qu'elle soit fondée sur le sexe, la race, l'éthnie, la condition physique ou sociale ; Témoigne de l'amour naturel envers ton semblable.

-Repousse les présents ou faveurs qui ont pour visée l'achat de ta conscience et ou de t'entrainer dans un piège.

-Contiens tes excès de colère, garde la tempérance, la maitrise de soi.

«Celui qui est lent à la colère fait preuve d'une grande intelligence tandis que celui qui s'énerve facilement proclame sa folie» (Proverbes 14:29)

-Eloigne-toi de la complaisance, des mœurs faciles, la naïveté, le raisonnement simple et un comportement débridé. Si la femme de ton prochain te convoite, distancie-toi d'elle !

-Confies tes rêves à tes vrais amis et frères et comptes sur leur éventuel soutien généreux. Garde-toi des personnes hypocrites, perverses, envieuses, rusées, manipulatrices et profiteuses, qui ne pensent qu'à leur petite personne et pour qui l'argent et les biens matériels représentent le fondement majeur de leur existence.

Une âme perfide, arrogante, hypocrite, calculatrice fera un ami ou un frère toxique et te tirera vers le bas. Garde-toi d'elle !

-Ecarte-toi des personnes en conflit avec toi, tes projets ou tes propres convictions profondes ; Préserves toi aussi de faux amis et des gens qui méditent ton malheur et ou cclui de tes affaires.

L'homme égoïste et profiteur est au fond de lui malveillant ; il se montre démesurément gentil, avec une fausse générosité. Par contre, l'homme de bien se montre bienpensant, équilibré, naturel, généreux et d'une empathie sincère pour son semblable.

«Beaucoup proclament leur bonté, mais l'homme fidèle, qui le trouvera ? » (Proverbes 20:6)

12. Mets à profit ton savoir, talent, génie créateur pour ton compte et au service du plus grand nombre

«Que chacun de vous, au lieu de considérer ses propres intérêts, considère aussi ceux des autres» (Philippiens 2:4) Et Mère Thérèse d'ajouter : «Etre utile est le vrai bonheur ; le devoir accompli est la plus grande satisfaction»

«Quand quelqu'un est reconnaissant pour ce que nous faisons, nous en retirons une profonde satisfaction, et ce sentiment détourne notre attention de nos problèmes. En aidant les autres à améliorer leur vie, nous pouvons améliorer la nôtre »[1]

«Il y a plus de bonheur à donner qu'à recevoir» (Actes 20:35)

13. Embrasse un style de vie éco responsable ; Participer au quotidien à la préservation de l'environnement naturel.

14. Crois en toi, concentres sur toi, Gardes l'effort et l'ardeur à agir.

Luttes pour faire triompher tes idéaux, tes rêves et projets.

« […] et ne me donne ni pauvreté ni richesse, mais accorde-moi le pain qui m'est nécessaire» (Proverbes 30:8)

15. Sois à l'école de la vie

Montres-toi stoïque dans les moments d'épreuves ; Ne te laisses pas gagner par la dépression face aux tourments de la vie. Sois patient, n'accélère pas le temps, entres en scène dès que ton heure aura sonné.

« […] Car le calme prévient de grands péchés» (Ecclésiaste 10:4)

16. Sois raisonnable, équilibré dans tes perceptions et ton agir

Fais de bons choix, prends de décisions réfléchies et constructives pour ta vie. Montre-toi perméable au sens du compromis, le cas échéant.

«Abandonnez la naïveté et vous vivrez, avancez sur la voie de l'intelligence ! » (Proverbes 9:6)

17. Conforme ton mode de vie à ton statut social.

Rappelle-toi : A mesure de l'évolution de ta situation financière et ou de ton statut social, discernes tes invariables amis et frères et déracine de ton champ les mauvaises herbes.

---

[1] N'y a-t-il rien de mieux que cette vie ? n° 3, La meilleure vie possible aujourd'hui, 2019

18. Rappelle-toi : seul l'ennemi révélé est vrai !

Préserves un peu de secret de ton mystère ; Garde-toi des excès de familiarités et des plaisanteries avec ton entourage.

Les amis intimes peuvent devenir un jour des ennemis intimes ! Oublies les gens qui t'ont blessé et trahi ; tournes-toi vers les âmes généreuses et bienveillantes.

Une vraie amitié résiste à l'érosion du temps et aux péripéties de la vie.

19. Surmontes et assumes tes erreurs et tes fautes et tournes-toi vers l'avenir.

Si tu tombes, relèves-toi et marche.

20. Trouve-toi une habitation décente

21. Fonde ta famille

Dans ta jeunesse, trouves ton âme sœur, une femme ou un homme de distinction et fondes ton foyer conjugal. Vivez l'un pour l'autre et accordez davantage du temps à votre vie amoureuse et conjugale. Faites preuve du sens de fidélité mutuelle. Gardez-vous des rélations coquines extra-conjugales.

«Qui trouvera une femme de valeur ? Elle vaut plus que de perles […] (Proverbes 31:10-31)

22. Donne à ton enfant une éducation morale, sociale et civique rigoureuse

Sois un modèle pour ton enfant ; Garde-toi d'être trop permissif à son égard. Inculques à ton enfant les valeurs morales saines et nobles ; Prépares-lui à affronter la vie avec courage, sérénité et patience.

Rappelle-toi de cet adage : '' Tel père, tel fils, telle mère''

L'enfant est dans une certaine mesure à l'image de son parent. Ta conduite en soi représente une éducation que tu transmets à ton enfant. Entretiens une relation de cœur avec ton enfant.

«Le bâton et le reproche procurent la sagesse, tandis que l'enfant livré à lui-même fait honte à sa mère» (Proverbes 29:15)

23. Planifiez vos naissances en fonction de vos revenus, la situation de votre couple et l'espace inter-génésique raisonnable.

24. Attaches-toi à une conduite droite et équilibrée

Fais attention aux trois tombeurs de la vie : l'amour de l'argent, le tabagisme et l'excès d'alcool et la méconduite sexuelle. Consomme l'alcool avec grande modération. Ne te livres pas à la course aux femmes. «Passe loin de chez elle et ne t'approche pas de la porte de sa maison» (Proverbes 5:8) «En effet, elle a fait beaucoup de victimes, ils sont nombreux tous ceux qu'elle a détruits» (Proverbes 7:26)

Contrôle tes fantasmes sexuels et ta conduite sexuelle. Vas au-delà du rapport sexuel et saisis le vrai sens de l'amour.

Trouves l'âme sœur de ta vie et suffis-toi d'elle. Ton corps n'est pas à livrer aux jouissances de la passion et aux multiples partenaires sexuels.

25. Garde-toi d'être dilapideur et de vivre au-delà de tes revenus.

Fais des économies, entreprends, investis et fructifies tes revenus et bâtis ta santé financière.

«L'un fait le riche et n'a rien du tout, l'autre fait le pauvre et a des grands biens» (Proverbes 13:7)

26. Garde une hygiène saine (corporelle, alimentaire, vestimentaire, mentale, etc)

27. Rafraichis ton corps ; Gardes la gaieté, les pensées positives et une humeur émolliente.

''Le sourire illumine la vie '', dit-on

Découvre-toi dans la solitude, profites des excursions, randonnées et voyages. Surmontes le stress, l'anxiété ; Applique-toi à la lecture, aux exercices physiques, aux loisirs et divertissements sains.

«Bannis de ton cœur le chagrin, et éloigne le mal de ton corps ; car la jeunesse et l'aurore sont vanité. Mais souviens-toi de ton Créateur pendant les jours de ta jeunesse, avant que les jours mauvais arrivent et que les années s'approchent où tu diras : je n'y prends point de plaisir» (Ecclésiaste 12:2-3)

28. Vis le bonheur à ta manière et non à celle de ton prochain.

«Un cœur joyeux est un bon remède, mais un esprit abattu dessèche les os » (Proverbes 17:22)

Dépars-toi de l'angélisme ; Ne te livres pas aux envies, suffis-toi de ce que la nature t'a gratifié.

« [...] un homme ne peut recevoir que ce qui lui a été donné du ciel» (Jean 3:27) Proverbes 14:14 ajoute : « [...] L'homme de bien se rassasie de ce qui est en lui»

«Sois un indulgent envers toi-même ; surmontes les tristesses, les erreurs, ennuis, regrets, la colère, rancœur, la haine, la convoitise.

Sois toi-même ; Trouves du plaisir dans les choses simples de la vie, tires le meilleur parti possible des situations de la vie, voyages à travers le monde par la lecture» suggère Robert Louis Stevenson.

«Lorsqu'on jette des petits rayons de bonheur dans la vie d'autrui, l'éclat finit toujours par rejaillir sur soi» constate Louis Fortin.

«La nature est généreuse ; elle possède le secret du bonheur et nul n'a su le lui ravir» constate George Sand.

«Apprenez à trouver de la joie dans les choses agréables de la vie, même les toutes petites. Un coucher de soleil, une brise légère, le sourire d'un ai être aimé... Ces choses n'embellisent t-elles pas notre vie ? »

«Souvent, l'homme est jaloux de son prochain. Or, le bonheur est en lui-même»[1]

Le bonheur ne se retrouve pas forcément dans la possession matérielle ou financière ; Il est dans les choses les plus simples de la vie. Discernes ce qui fait, ce ferait ton bonheur et ou qui y participe et diriges-toi dans cette voie.

---

[1] N'y a-t-il rien de mieux que cette vie ? Op cit

La lanterne, le soleil, la lune n'éclairent-ils pas chacun à sa manière et à son temps ?

Si tu t'attaches de manière sincère à la vertu morale, la bonté de cœur, l'amour de ton prochain, le bien commun et l'amour de Dieu, c'est que tu as compris le sens du vrai bonheur et d'une vie accomplie !

«Le succès, c'est être capable d'aller s'endormir chaque nuit avec son âme en paix» soutient Paul Coelho

En effet, la société tend à nous imposer des prétendus standards de la réussite sociale, matérielle et ou du bonheur. Cependant, si tu es à même de jouir du contentement dans la situation qui est la sienne, et pas forcément à la manière de ton prochain et ou en conformité avec les standards du monde présent, sois heureux !

«Le plaisir est une herbe folle qui pousse entre les pierres. Le bonheur est un lac très calme qui brille sous le soleil. La joie est une tempête qui tombe du ciel pour nous élever vers lui. Le plaisir est un instant qui passe. Il nous excite. Le bonheur est un état qui s'efforce de durer ; Il nous apaise. La joie est une grâce venue d'ailleurs.», observe Jean d'Ormesson.

«Etre heureux, c'est apprendre à choisir. Non seulement les plaisirs appropriés, mais aussi sa voie, son métier, sa manière de vivre et d'aimer. Choisir ses loisirs, ses amis, les valeurs sur lesquelles fonder sa vie. Bien vivre, c'est apprendre à ne pas répondre à toutes les sollicitations ; c'est hiérarchiser ses priorités. L'exercice de la raison permet une mise en cohérence de notre vie en fonction des valeurs ou buts que nous poursuivons. Nous choisissons de satisfaire tel plaisir ou de rénoncer à tel autre parce que nous donnons un sens à notre vie- et ce, aux deux acceptions du terme : nous lui donnons à la fois une direction et une signification» (Sénèque)

«Soyons reconnaissants envers les gens qui nous rendent heureux ; ils sont les jardiniers qui font fleurir notre âme», conseille Marcel Proust.

29. Sois un homme de paix : Prêches et procures la paix partout où tu te trouves !

Sois la lumière, l'espoir, un modèle partout où tu te trouves.

«C'est une gloire pour l'homme d'éviter les disputes, mais un fou s'y engage» (Proverbes 20:3)

«Acquiers la paix et des milliers autour de toi seront dans la paix», exhorte Séraphin de Sarov.

30. Vis pour ton Créateur ; Vis pour aimer

L'argent, les biens matériels, la richesse, le pouvoir, le succès, la gloire, les jouissances, ne constituent point la finalité de la vie.

Vivre pour Dieu reste le sens et la finalité de la vie.

«Le fou dit dans son cœur : «il n'y a pas de Dieu ! » [...] » (Psaumes 14:1)

«Dieu créa l'homme à son image, il le créa à l'image de Dieu, il créa l'homme et la femme» (Genèse 1:27)

«Tout est déterminé du début à la fin par des forces sur lesquelles nous n'avons aucun controle» discernes Albert Einstein.

Une vie éternelle heureuse est le don gratuit de Dieu à l'humanité !

«Et j'ai en Dieu l'espérance, comme ils l'ont eux-mêmes, qu'il y aura une résurrection des justes et des injustes. C'est pourquoi je m'efforce d'avoir une conscience sans reproche devant Dieu et devant les hommes» (Actes 24:15-16)

Pour aller plus loin !

1. **La Sainte Bible.**

2. Carl Gustav Jung, **L'âme et la vie**, 1995

3. Albert Schweitzer, **Ma vie et ma pensée**, 1931

4. Antoine-de Saint-Exupéry, **Terre des hommes**, 1939

5. Karl Marx, **Le Capital**, 1867

6. Pierre Rabhi & Juliette Duquesne, **Les Excès de la Finance ou l'art de la prédation légalisée**, 2017

7. Daniel Andler, **Intelligence artificielle, Intelligence humaine**, la double énigme, 2023

8. Charlie Chaplin, **Les temps modernes**, 1936

9. Charles Baudelaire, **Les Paradis artificiels**, 1860

10. Jean Borella, **Tradition et modernité, la malédiction du progrès**, 2023

11. Alain Touraine, **Critique de la modernité**, Paris, Fayard, 1992

12. Thomas More, **Utopie**, 2021

13. Birago Diop, **Leurres et Lueurs**, 1960

14. Jean-Jacques Rousseau, **Discours sur l'origine et les fondements des inégalités entre les hommes**, 1755

15. Albert Camus, **La Chute**, 1956

16. Albert Camus, **La crise de l'homme**, 1946

17. Victor Hugo, **Les Misérables**, 1862

18. Michel Houellebecq, **Misère de l'homme sans Dieu**, 2021

19. Jacques ATTALI, **une brève histoire de l'avenir**, 2011

20. Birago Diop, **L'os de Mor Lam**, 1977

21. Robert Greene, **Les lois de la nature humaine,** 2018

22. Lionel Naccache, **L'apologie de la discrétion**, 2023

23. Philippe Labro, **Les gens**, Gallimard, 2009

24. Jean de la Fontaine, **Le Corbeau et le renard**, 1668

25. Daniel Goleman, **L'intelligence émotionnelle**, 2014

26. Guy Corneau, **Cessez d'être gentil**, Soyez vrai, 2001

27. Friedrich Nietzsche, **Par-delà le bien et le mal**, 1886

28. Jean de la Fontaine, **La grenouille qui veut se faire aussi grosse que le bœuf,** 1668

29. Hobbes, **Léviathan**, 1651

30. Gérard Netter, **La haine de l'autre, exutoire de la haine de soi**, 2023

31. Tahar Ben Jelloun, **Le dernier ami,** 2004

32. Charles Baudelaire, **L'ennemi**, 1857

33. Gustave-Nicolas Fischer, **Pardonner**, 2023

34. Dale Carnegie, **Comment se faire des amis et influencer les autres**, 1936

35. Alain Delon, **Amours et mémoires**, 2023

36. Hernando Duque, Rebecca Sierra, **Prépare ta réussite**, Kinshasa, 2003

37. Ma Gloire K Agbegnito, **Qui épouser ?**

38. Esther Villar**, L'homme manipulé,** 1971

39. Fréderic le noir, **L'odyssée du sacré : la grande histoire des croyances et des spiritualités des origines à nos jours**, 2023

40. Edgar Allan Poe, **Le Cœur révélateur**, 1843

41. Victor Hugo, **Les Contemplations**, 1856

42. Freud, **Introduction à la psychanalyse '' le moi n'est pas maître dans sa propre maison**, 2021

43. Carl Gustav Jung, **Psychologie de l'inconscient**, 1916

44. Carl Gustav Jung, **Dialectique du moi et de l'inconscient**, 1986

45. Fabrice Midal, **Suis-je hypersensible ? Le Cahier pratique**, 2021

46. Dale Carnegie, **Comment dominer le stress et les soucis**, 1946

47. Dr. Gerard Macqueron, **Psychologie de l'attention, Le Guide pour surmonter les troubles de l'attention chez l'adulte**, 2023

48. Marie Robert, **Les Chemins du possible**, 2021

49. Alyson Richman, **Les promesses du passé,** 2012

50. Jacques ATTALI, **Sept leçons de vie, Survivre aux crises**, 2010

 51. Pol Léo, **365 Jours de Pensées Positives-Motivation, Bien-être, bonheur**, 2020

52. Robert Green, **Atteindre l'Excellence**, 2012

53. Michèle Temam, **Vous êtes capable, vous allez réussir**, 2023

54. John A Holmes, **35 Centimètres de talent**, 2009

55. John Max Well, **Pensez succès**, 2017

56. Cécile Mellac, **Comment parler de soi pour convaincre ?**, 2013

57. John Daly, **Savoir defender ses Idées et Influencer les autres**, 2014

58. Dale Carnegie, **The quick and easy way to effective speaking**, 1962

59. Chris Voss ET TAHL RAZ, **Ne Coupez Jamais la poire en deux**, 2018

60. Dale Carnegie, **Comment trouver le leader en vous**, 1993

61. Anthony De Souza, **Le Leadership, Etre Leader. Diriger efficacement**, Kinshasa, 2015

62. Denis Cristol, Catherine Laizé, Miruna Radu Lefebvre, **Leadership et management; Etre Leader, ça s'apprend !** 2011

63. Rémy Herrera, **Qu'es ce que la monnaie, d'où vient-elle la monnaie, à quoi sert-elle ?** 2022

64. Friedrich Nietzsche, **Réfléchissez et devenez riche,** 2011

65. Fernando Pessoa, **Pourquoi rêver les rêves des autres ?** 2020

66. Robert Kiyosaki, Lechter, Sharon, **Père riche, Père Pauvre**, 1997

67. Napoléon Hill, **Plus malin que le diable, le secret de la liberté et du succès**, 1938

68. Napoléon Hill, **La loi du succès en 16 brèves leçons**, 2023

69. Barbara Oakley, **On ne naît pas brillant, on le devient,** 2019

70. Catherine Rambert, **Petite philosophie pour ceux qui veulent atteindre le sommet de la montagne,** 2012

71. Stephen R. Convey, **Les sept habitudes de ceux qui réalisent tout ce qu'ils entreprennent**, 2012

72. Diouma Diouf, **7 Conseils pour reussir dans l'entrepreneuriat**, L'Harmattan, 2023

73. Ryan Gottfredson, **Mental gagnant, les habitudes de pensée à adopter pour reussir tout ce que vous entreprenez**, 2021

74. Catherine Leger-Jarnion, **Du Salariat à l'entrepreneuriat, 10 questions à se poser pour réussir,** 2022

75. Méavis Céprika-Giberné, **Devenir Riche, ca s'apprend en 7 étapes. De la bonne gestion de ses finances personnelles à la liberté financier,** 2021

76. Ricardo Kaniama, **Pouvez-vous devenir riche et aller au ciel ? Ce qu'il faut savoir avant de mourir pauvre!** 2022

77. Thomas d'Ansembourg, **Qui fuis-je ? Où cours-je ?** 2008

78. Georges Contogeorgis, **Repenser la modernité,** 2023

79. Edgar Morin, **Pour l'avenir de l'humanité**, 2011

80. Edgar Morin, **Terre-Patrie**, 1993

81. **Sept savoirs nécessaires pour l'éducation du futur**, 1999

82. Albert Camus, **L'homme révolté**, 1951

83. Robin S. Sharma, **Le moine qui vendit sa ferrari**, 2005

84. Marc Levy, **Eteignez tout et la vie s'allume**, 2022

85. Daniel Borrello, **La morale ou le droit ?** 2023

86. Marc Levy, **Où es-tu ?** 2001

87. Carl Gustav Jung, **L'homme à la découverte de son âme**, 1987

88. John Joos, **Du Silence à l'essence de mots**, 2021

89. Pierre Rabhi, **Manifeste pour la terre et l'humanisme : Pour une insurrection des consciences**, 2008

90. Friedrich Nietzsche, **Généalogic de la morale**, 1887

91. Blaise Pascal, **Les Pensées**, 1670

92. Jean-Jacques Rousseau, **Les Confessions,** 1782

93. Jacques ATTALI, **Le sens des choses**, 2010

94. Yasmina Khadra, **Les Vertueux**, 2022

95. Edgar Morin, **Introduction à la pensée complexe**, 1990

96. Jean-Jacques Rousseau, **Ecce homo,** 1908

97. Jean-Jacques Rousseau, **Humain, trop humain,** 1878

98. Catherine Rambert, **Petite philosophie du matin,** 2017

99. Catherine Rambert, **Petite philosophie du soir,** 2010

100. Jean d'Ormesson, **Un jour je m'en irai sans en avoir tout dit,** 2013

101. Edgar Morin, **Le Paradigme perdu : la nature humaine,** 1973

102. Pierre Rabhi, **Vers la Sobriété heureuse**, 2010

103. Mère Thérèse, **Un Chemin tout simple**, 1995

104. Leo Babauta, **L'art d'aller à l'essentiel, le pouvoir d'une vie simplifiée**, 2012

105. Omar Khayyâm, **Vivre te soit bonheur !** 2016

106. Louis Fortin, **33 leçons pour atteindre le bonheur**, 2008

107. Dale Carnegie, **How to enjoy your life and your job?** 1970

108. Marshall Rosenberg, **Nonviolent communication; A language of life**, 1999

109. Michel Quoist, **Réussir**, 1961

110. Jean d'Ormesson, **Le Guide des Egarés**, 2016

111. Bernard Bamogo, **L'homme est un remède pour l'homme**, 2021

112. Jean Giono, **Les vraies richesses**, 1936

113. Aldous Huxley, **Retour au meilleur des mondes**, 1958

114. Antoine-de Saint-Exupéry, **Citadelle**, 1943

115. Thibault de Valroger, **Conversation sur la foi,** L'Harmattan, 2023

116. Michel Simion, **Par la mort, il a vaincu la mort**, L'Harmattan, 2023

117. Jean d'Ormesson, **Un hosanna sans fin**, 2018

Printed by Books on Demand GmbH, Norderstedt / Germany